Wilhelm Busch

Kennen Sie Hömpel?

Episoden voller Licht und Leben

Aussaat Verlag Neukirchen-Vluyn

ABCteam-Bücher erscheinen in folgenden Verlagen:
Aussaat- und Schriftenmissions-Verlag Neukirchen-Vluyn
R. Brockhaus Verlag Wuppertal
Brunnen Verlag Gießen (und Brunnquell Verlag)
Christliches Verlagshaus Stuttgart (und Evangelischer
Missionsverlag)
Oncken Verlag Wuppertal und Kassel

© 1991 Aussaat- und Schriftenmissions-Verlag GmbH,
Neukirchen-Vluyn
Titelgestaltung: Meussen/Künert, Essen
Satz: ZERO Typographischer Betrieb, Moers
Druck: Breklumer Druckerei Manfred Siegel KG
Printed in Germany
ISBN 3-7615-3439-6

LIESEL RENNSCHEIDT

der langjährigen Leiterin des
Aussaat- und Schriftenmissions-Verlags
in Dankbarkeit

Die Herausgeber und der Verlag

Vorwort

Kennen Sie Hömpel? – Natürlich nicht, wie sollten Sie
auch! Auch wir lernten ihn erst kennen, als wir alte
Nummern von „Licht und Leben" durchstöberten und auf
Hömpel stießen. Pfr. Wilhelm Busch hat in dieser von
ihm über viele Jahre redigierten Zeitschrift regelmäßig
eine Rubrik gehabt unter der Überschrift „Schriftleiter,
erzählen Sie mal". Alle Geschichten dieses Büchleins ent-
stammen dieser Rubrik.

Manchmal mit Schmunzeln, manchmal ergreifend,
manchmal sehr nachdenklich stimmend hat Wilhelm
Busch Erlebnisse erzählt – aus dem Alltag, von seinen
vielen Evangelisationsreisen, über Begegnungen. „Man
erlebt halt soviel", hat er immer wieder gesagt. Ob andere nicht soviel erleben? Doch, doch, nur muß man es
wahrnehmen, was man erlebt. Das war eine der Stärken
von Wilhelm Busch. Er ging mit wachen Sinnen durch
diese Welt und nahm Dinge wahr, die um ihn herum
passierten. Er schrieb sie auf, erzählte sie weiter und hat
daraus für sich und andere immer wieder neu gelernt.

Mit diesem Bändchen möchten wir einige wichtige
Geschichten noch einmal aufleben lassen. Wir wünschen uns, daß durch das Lesen dieser Geschichten Ihre
Sinne geschärft werden, die oft erstaunlichen Dinge des
Lebens und auch die manchmal gar nicht so verborge-
nen Winke Gottes wahrzunehmen. Manch einer der älteren Leser wird sich an längst Vergessenes erinnern. Die
jüngeren Leser mögen staunen, wieviel man erleben
kann, und dann vielleicht auch dank dieser Geschichten
Erstaunliches erleben. Die Geschichten möchten einladen zum Staunen.

Darum: Lernen Sie Hömpel kennen, es lohnt sich!

Wiehl, im September 1991
Elisabeth und Hans Währisch

Hömpel –
Erlebnis aus dem Jahre 1938

Eine ganz große Dunkelheit kroch auf mich zu: äußerlich und innerlich. Es wurde wieder Nacht. Das Licht in meiner Gefängniszelle im Haumannshof war von außen abgedreht. Nun wartete wieder eine der schrecklichen schlaflosen Nächte auf mich.

O wie da die Gedanken immer im Kreis liefen und quälten! Seit langem hatte ich nichts mehr gehört von meiner Familie. Und nichts mehr wußte ich vom Weigle-Haus, dem Jungenhaus, welchem meine Arbeit und Liebe gehörten. Gewiß hatte man mich dort abgeschrieben. Und noch wahrscheinlicher war es, daß alle Jungen sich verlaufen hatten, daß die Arbeit dem Druck der Hitlerjugend erlegen war...

Wie war man glücklich, wenn dann langsam das Morgenlicht in die düstere Zelle sickerte! Und doch beleuchtete das Licht nur wieder das Elend. Ich war eingesperrt in einer Zelle des Polizeigefängnisses. Es gibt ein Gesetz, daß Gefangene höchstens 24 Stunden hier festgehalten werden dürfen. Aber was kümmerte die Staatspolizei Hitlers die Gesetze! So saß ich in diesem engen Raum. Ganz oben war eine Lichtklappe. Es war streng verboten, hinauszusehen. Wehe dem, der dabei ertappt wurde! Und doch habe ich es manchmal versucht, nämlich dann, wenn mein Bruder, der Pfarrer Held von Essen-Rüttenscheid, im Hof spazierengehen durfte. Immer im Kreis herum um den kleinen Rasenfleck, immer im Kreis herum ... um den kümmerlichen Rasenfleck.

Plötzlich fuhr ich auf: Die Riegel wurden zurückgeschoben, der Schlüssel klirrte. Ich stellte mich in gerader Haltung neben der Tür auf – und dann wunderte ich mich.

Nicht mein gewöhnlicher Polizeimeister kam herein. Ich sah im Zwielicht einen Beamten, den ich nicht kannte. Vorsichtig sah sich der erst im Flur um – dann trat er rasch herein und zog eilig die eiserne Tür hinter sich zu.

Mir wurde unheimlich zumute. Man erzählte sich hier allerlei dunkle Geschichten von Mißhandlungen. Ob dieser Mann mich schlagen wollte?! Unwillkürlich schob ich meinen kleinen Schemel vor mich hin. Da trat er ganz dicht vor mich und sagte: „Kennen Sie den Hömpel?"

Ich lachte schallend los. Der „Hömpel" war einer der Helfer im Weigle-Haus, einer von den ganz treuen. Ich sah ihn geradezu vor mir, diesen großen, stabilen, immer lachenden jungen Mann. Natürlich hieß er nicht „Hömpel". Das war so ein Spitzname, von dem kein Mensch mehr wußte, wie er zustande gekommen war. Aber woher kannte dieser Beamte den „Hömpel"?! Ich wurde auf einmal mißtrauisch. „Ja, ich kenne ihn!" sagte ich zögernd.

Da deutete der Polizist auf sich und sagte: „Ich bin der Vater."

„Ach, Sie sind der Vater!"

„Ja! Und ich sollte Ihnen einen Gruß bestellen vom Hömpel und all den Leitern und Helfern im Weigle-Haus und sie dächten immer an Sie und in jeder Gebetsstunde würde für Sie gebetet."

Mir schoß das Blut zum Herzen: Sie kamen also noch zusammen, die Arbeit ging weiter! O Gott, ich danke dir!

Aber der Beamte war noch nicht fertig: „Der Hömpel möchte Sie gern besuchen."

„Das geht doch nicht!" fiel ich ein. „Ich darf doch nicht besucht werden!"

Der Polizist schüttelte den Kopf. Er hielt mich offenbar für ein wenig unerfahren. „Der Hömpel", sagte er, „hat doch Kaninchen." Nun war es ganz aus mit meinem Verständnis. Was in aller Welt hatten Hömpels Kaninchen mit einem Besuch bei mir zu tun?!

Und dann erfuhr ich eine köstliche Geschichte: Der Hömpel hatte lange nachgedacht, wie er in das Gefängnis eindringen könnte, um seinen Pfarrer wenigstens von fern zu grüßen. Und da hatte er eine Idee. Er stellte einen Antrag, daß er das Gras auf dem Gefängnishof für seine Kaninchen absicheln dürfe. Die merkwürdige bürokratische Ordnung, die neben aller Gesetzlosigkeit im Hitlerreich herrschte, hatte den Antrag durch eine Menge Instanzen laufen lassen. Und dann kam er mit vielen Stempeln zurück: „Genehmigt!" Und keiner war auf den naheliegenden Gedanken verfallen, daß auf jedem Baugrundstück viel mehr Gras zu holen war als auf dem kümmerlichen Gefängnisrasen.

„Passen Sie gut auf, Pfarrer Busch! Morgen um 18.15 Uhr wird der Hömpel eingelassen. Da stellen Sie Ihren Tisch an die Lichtklappe, auf den Tisch stellen Sie den Schemel. Und dann können Sie durch den Seitenspalt hinaussehen und dem Hömpel ein wenig winken."

Ha! Nun wurde ich aber wieder mißtrauisch. Das Ganze war ja eine blöde Falle! „Sie wissen genau", sagte ich streng, „daß das verboten ist."

„Ich bin doch der Vater!" erwiderte er, ganz traurig über mein Mißtrauen. „Und ich werde vor der Tür aufpassen, daß Sie niemand stört."

Nun mußte ich doch wieder lachen. Das war ja köstlich: Die Polizei selbst wollte mein ungesetzliches Tun bewachen. Da konnte ja nichts schiefgehen ...

Wie langsam ging der kommende Tag herum! Von der Reformationskirche, die später durch Bomben zerstört wurde, hörte ich die Uhr schlagen. Endlich war es 18 Uhr. Langsam verrinnen die Minuten. Wieder ein Schlag der Turmuhr: 18.15 Uhr. An der Tür hörte ich ein leichtes Kratzen. Aha! Mein Wächter hatte seinen Posten bezogen.

Ich schob den kleinen Tisch unter das Fenster. Der Hocker wurde draufgestellt. Und dann – ich wundere mich heute noch, daß ich es schaffte! – stand ich auf dem schwankenden Bau und spähte hinaus. Wirklich! Dort kniete auf dem Rasenfleck der Hömpel und sichelte. Ab und zu schielte er nach meinem Zellenfensterchen. Offenbar hatte ihm der Vater genau erklärt, daß es das dritte von rechts im zweiten Stock sei.

Leise schob ich die Hand ein wenig hinaus. Wir mußten vorsichtig sein. Denn man konnte von vielen Seiten in den Hof hineinsehen. Wenn wir ertappt wurden?! Dann war der Beamte verloren.

Hömpel hatte mich gesehen. Aber er verzog keine Miene. Er fing nur an, bei der Arbeit fröhlich zu pfeifen. Die Beamten, die aus vielen Fenstern in den Hof sehen konnten, kannten das Lied sicher nicht. Aber ich kannte es. Bei Feierstunden wurde es gesungen, unser Kampflied: „Steil und dornig ist der Pfad, / der uns zur Vollendung leitet. / Selig ist, wer ihn betrat / und zur Ehre Jesu streitet ...“

Die Tränen laufen mir übers Gesicht. Ich verstehe die Predigt, die mein junger Bruder mir hält. Leise spreche ich mit, was er da unten pfeift: „Auf denn, Streitgenossen, geht / mutig durch die kurze Wüste. / Seht auf Jesum, wacht und fleht, / daß er selbst zum Kampf euch rüste. / Der in Schwachen mächtig ist, / gibt uns Sieg durch Jesus Christ.“

Dazwischen aber muß ich ein wenig lachen über Hömpel: Den kleinen Rasenfleck könnte man in drei Minuten abgesichelt haben. Aber ich merke, daß Hömpel Zeit gewinnen will. Ganz vorsichtig schneidet er Gräslein um Gräslein ab und legt es in den Sack.

Aber schließlich ist er doch fertig – fertig mit seinem Lied und fertig mit seinem Gras. Er richtet sich auf und bindet seinen Sack zu. Und dabei flötet er noch einmal. Jubelnd klingt die Melodie durch den Gefängnishof: „Gott ist die Liebe, / er liebt auch dich.“

Das Gefängnistor ist zugefallen hinter Hömpel. Ich bin schnell von meinem hohen Turm heruntergestiegen. Da krachen auch schon die Riegel. Hömpels Vater in Polizeiuniform schaut herein und brüllt mit barscher Stimme: „Alles in Ordnung in Zelle 34?"

„Jawohl, Herr Wachtmeister!" brülle ich ebensolaut und zwinkere ihm mit dem linken Auge zu. Und dann sitze ich wieder in meiner einsamen Zelle. Es ist auf einmal alles verändert. „Der in Schwachen mächtig ist, / gibt uns Sieg durch Jesus Christ." Um dies Sätzlein kreisen meine Gedanken unablässig. Ich habe eine unvergeßliche Predigt gehört.

Und ich bin gar nicht mehr verlassen. Meine Brüder denken an mich. Sie lassen es sich etwas kosten, mir das mitzuteilen. Und vor allem: Die Arbeit geht ja weiter! Junge Menschen erfahren von dem Heil Gottes in Jesus.

In der Nacht liege ich lange wach. Eine Frage ist mir aufgetaucht: Wie kommt so ein rauher junger Schlosser wie der Hömpel zu etwas so Feinem, Zartsinnigem, wie es dieser Besuch war? Und es wird mir klar: Das hängt mit dem Kreuz Jesu zusammen. Wenn ein junger Mensch in den Bannkreis dieser Erlösung kommt, dann wird das Wort Gottes an ihm war: „Ich will das steinerne Herz aus eurem Fleisch wegnehmen und euch ein fleischernes, menschliches Herz geben."

O Hömpel!

Beton kann gesprengt werden

Es zieht sich eine schöne Straße von Kiel nach Wis hinaus. Da geht der Blick über das weite Hafenbecken in die Ostsee. In der Ferne grüßt das riesige Ehrenmal von Laboe, und am Horizont sieht man die Rauchfahnen der Schiffe.

Eine Woche lang bin ich jeden Tag diesen Weg gewandert. Denn da hatte ich Evangelisationsversammlungen in Kiel und Wis. Und ich habe mich jedesmal an dem weiten Blick gefreut. Wer nach Kiel kommt, sollte sich die Mühe machen, diese Strandpromenade einmal entlangzuwandern.

Aber nun will ich ja nicht einen Aufsatz schreiben im Auftrag des Kieler Verkehrsvereins. Ich will vielmehr erzählen, wie diese Straße mir so bedeutsam wurde. Denn dort hat der himmlische Vater mir in einer dunklen Stunde etwas gezeigt, was ich zur Ermutigung aller, die das Evangelium verkünden, weitererzählen möchte.

Zwei Tage hatte ich nun schon Vorträge gehalten. Aber es kam mir vor, als hätte ich kaum je einmal vorher vor so verschlossenen Türen gestanden. Die Kirche war mehr als mäßig besetzt, obwohl die Brüder, die mich eingeladen hatten, mächtig geworben hatten. An allen Plakatsäulen hingen die Einladungen. Eigentlich konnte man die roten Plakate nur schwer übersehen. Aber die Kieler bekamen es trotzdem fertig.

Es half auch nichts, daß zwei nette junge Männer, Reporter von Kieler Zeitungen, mich interviewten und dann einladende Artikel brachten. Kiel kam mir vor wie Jericho, „vermauert bis an den Himmel". So ging ich eines Tages wieder schweren Herzens nach Wis hinaus, wo ich eine Sprechstunde halten wollte. Mein Mut war sehr gesunken. Ich kam mir vor wie einer, der mit der Hand eine Betonmauer umschmeißen will.

‚Ja, Beton! So hart wie Beton sind die Herzen', dachte ich. ‚Wie sollte ich da etwas ausrichten können?!'

Ich war froh, daß an dem Wintertag die Straße am Wasser sehr verlassen war. So konnte ich recht zu Gott schreien, er möge sich doch erbarmen. „Herr! Sieh doch die Betonmauern!" rief ich immer wieder. Und da – ja, da geschah das, was ich berichten möchte. Da tat Gott mir die Augen auf. Und da sah ich, wie ringsum, am ganzen Hafen entlang, gesprengter Beton war. Überall lagen die wirren Trümmer von gesprengten Betonmauern und Betonbunkern.

Das sah ich nun auf einmal. Und ich erkannte: Beton kann gesprengt werden! Sagt nicht der Herr selber: „Ist mein Wort nicht wie ein Hammer, der Felsen zerschmeißt?"

Da fiel all meine Mutlosigkeit mit einem Plumps in das Wasser und versank. Und ich konnte auf demselben Wege meinem himmlischen Vater schon danken für das, was er tun würde.

Nachher habe ich das Erlebnis meinem Amtsbruder erzählt, und wir haben uns vorgenommen, wir wollten dem Evangelium recht viel zutrauen. Und als am Ende der Woche nacheinander zwei große Kirchen übervoll waren von Menschen, die gespannt zuhörten, da haben wir beide unserem Gott von Herzen gedankt für die Ermutigung.

Und nun will ich es nie mehr vergessen – auch wenn es für die Evangeliumsverkündigung hoffnungslos aussehen will: „Beton kann gesprengt werden!"

Die Gewänder sind in der Truhe

Sonniges Zermatt!

Wundervoll blau ist der Himmel. Und die himmelstürmende Spitze des Matterhorns schaut herein in den seltsamen Ort, in welchem uralte, schiefe Holzbauten und gewaltige Hotels wunderlich durcheinanderstehen.

Den ganzen Tag bin ich in der Einsamkeit der Berge gewandert. Ja, da werden die angeschlagenen Nerven wohl kuriert werden.

Langsam schlendre ich durch den Ort. Alle Sprachen der Welt klingen an mein Ohr: Französisch, Englisch, Italienisch. Dort drüben gehen ein paar Inderinnen in ihren schönen Gewändern.

So! Da ist das Verkehrsbüro. Ein junger Mann gibt freundlich Auskunft. „Ich wollte nur fragen, wo morgen ein evangelischer Gottesdienst in deutscher Sprache ist."

Verlegen zuckt er die Achseln: „Die Saison hat noch nicht begonnen. Während der Saison ist ein protestantischer Kurprediger hier. Aber jetzt gibt es keinen evangelischen Gottesdienst. Hier ist alles katholisch."

Langsam bummele ich zurück zu meiner stillen Klause. Ein bißchen Heimweh durchzieht mein Herz. Ferien sind ja ganz schön. Aber – wenn man keinen Gottesdienst hat, fehlt doch etwas am Sonntag!

Am nächsten Morgen halte ich mit meiner Frau Gottesdienst. Der Herr Jesus hat ja selbst gesagt: „Wo zwei oder drei versammelt sind in meinem Namen, da bin ich mitten unter ihnen." Wir singen, beten. Wir hören sogar eine Predigt: die Bergpredigt Jesu.

Aber als ich am Montag in den einsamen Bergen herumstreife, ist es mir, als wenn mein Herr zu mir sagte: „Es sind doch so viele Kurgäste hier, von denen sicher manche einen Gottesdienst vermissen. Halte du doch einen!"

Ich wehre mich: „Ach Herr, ich wollte doch einmal ganz Ferien machen, keinen Menschen sprechen, schweigen und ausruhen."

Aber die Sache läßt mir keine Ruhe. Und am Abend bin ich wieder auf dem Weg zum Verkehrsbüro. „Guten Abend! Ich bin ein evangelischer Pfarrer. Es ist so schade, daß es hier keinen evangelischen Gottesdienst gibt. Wie könnte ich es anstellen, daß ich einen Gottesdienst halte?"

„Ich rate Ihnen: Gehen Sie zu Frau M. Sie kümmert sich um die paar Evangelischen, die hier sind." Also auf zu Frau M.! Eine stattliche Schweizerin begrüßt mich freundlich. Aber sie wird reserviert, als ich meine Sache

12

vortrage. Ich kann sie verstehen; da kommt so ein Fremder und will predigen. Wer weiß, was er für ein Mann ist?! Aber sie gibt mir dann doch Auskunft: „Hier sind viele englische Gäste. Darum hat die englische Hochkirche hier ein Kirchlein. Und dort halten die evangelischen Pfarrer, die ab und zu von Brig heraufkommen, ihren Gottesdienst in deutscher Sprache. Da muß man sich halt mit den Engländern verabreden wegen der Zeit."

„So – und wo treffe ich den englischen Pfarrer?"

„Jetzt ist keiner da. Aber im Chalet Hörnli wohnt eine Miss F. Die vertritt die englische Kirche. Reden Sie doch mal mit der!"

‚Ach, Herr Jesus!' sage ich in meinem Herzen. ‚Du siehst, daß es nichts wird. Soll ich es nicht lieber lassen?'

Doch es gibt keine Ruhe. So gehe ich zum Chalet Hörnli. Ich gehe eine Treppe hinauf. Da steht eine Frau und spricht mich französisch an – so rasant, daß ich kein Wort verstehe. Es dauert einige Zeit, bis sie weiß, was ich will. „Ach so, Miss F.! Die ist nach London gereist. Was wollten Sie denn?" Ziemlich mutlos trage ich meine Frage vor. Da springt sie auf: „Oh, wir fragen Miss X. Die weiß Bescheid." Schon ist sie am Telefon. Und jetzt geht ein Gespräch los in Französisch und Englisch. Und als sie den Hörer einhängt, weiß ich: Es ist kein englischer Pfarrer da. Aber der „Tempel" – so sagt sie – ist offen. Ich darf ruhig hineingehen und meinen Gottesdienst halten. „Die Gewänder liegen in der Truhe in der Sakristei."

Ich muß lächeln. Nein, Gewänder brauche ich nicht. Aber es durchfährt mich ein Schreck; denn mir fällt ein, daß ich nicht einmal einen dunklen Anzug bei mir habe.

Doch jetzt darf mich nichts mehr hindern. Ich sause zum Verkehrsbüro. Die Leute sind glücklich, wenn der Kurort alles bietet. Also auch einen evangelischen Gottesdienst. Sie sagen: „Wollen Sie bitte Einladungen schreiben. Geben Sie uns zwanzig Stück. Wir geben sie in die Hotels."

Am Abend sitzen meine Frau und ich und schreiben: „Evangelischer Gottesdienst in deutscher Sprache am Sonntag, den 17. und 24. Juni, in der englischen Kirche, 9 Uhr. Pfarrer Busch, Essen." Und am nächsten Tag hängen diese armseligen Zettel in allen Hotels, am Bahnhof, an der Gornergrat-Bahn, am Rathaus. –

Inzwischen haben wir die Kirche besichtigt. Hübsch am Berg liegt sie in einem Friedhof, auf dem Engländer begraben wurden, die in den Bergen abgestürzt sind. In der Kirche ist sogar das Harmonium unverschlossen. Ja, wir finden auch Gesangbücher in deutscher Sprache. Nun muß ja alles gutgehen. Man muß nur vorher ein wenig die Bänke abstauben. Das wollen wir gern tun. Wir hängen noch den letzten Einladungszettel an die Kirche und gehen fröhlich heim.

Aber als der Sonntag kommt, ist mir doch ängstlich zumute. Jetzt habe ich weder von der englischen noch von der schweizerischen Kirche einen Auftrag. Werden die anerkennen, daß ich im höchsten Auftrag handle? Und wird überhaupt jemand kommen?

Bangen Herzens gehen wir zwei zum Kirchlein. Und sieh! – es strömt heran. Holländer und Schweizer und Deutsche. Strahlend einige deutsche junge Männer mit dem Eichenkreuz, die hier Arbeit gefunden haben. Ein alter Herr aus Genf will auch mittun. Er hat das Glockenseil losgemacht und läutet, daß er ganz rot wird im Gesicht. An die hundert Menschen sind versammelt und werden froh an der Botschaft: „Jesus ist kommen, Grund ewiger Freude ..." Meine Frau spielt das Harmonium, Frau M. verteilt die Gesangbücher, der alte Herr läutet, ich predige, und die Menschen hören und singen, daß es eine Freude ist.

Am Sonntag drauf ist das Kirchlein ganz besetzt. Sogar ein Chor ist da: eine deutsche Freizeit von Gemeindehelferinnen singt.

14

Allerdings gab's noch mal einen Schrecken; denn man entdeckte, daß der englische Pfarrer heute da war. Aber er hatte mein Schildlein gesehen und höflich die Zeit seines Gottesdienstes nach dem meinen gerichtet. Ein Dank an dieser Stelle der hochherzigen englischen Großzügigkeit!

Als ich das Kirchlein verließ, stand da ein junger Kellner, drückte mir die Hand und sagte in seinem Schweizerdeutsch: „Es ist so schön hier – die Berge – aber – das Wort von Jesus! – man braucht das!" Und da freute ich mich, daß mein Herr mir keine Ruhe gelassen hatte.

Elverum

Um 16 Uhr fing es an, dunkel zu werden. Zwischen riesigen Schneewällen fuhr unser Wagen durch endlose, einsame, tiefverschneite Tannenwälder.

Die hereinbrechende Dämmerung entsprach ganz meiner Stimmung. Eine dreiwöchige Vortragsreise durch Schweden und Norwegen, die ich im Januar unternahm, war bis jetzt herrlich gewesen. Aber nun kam der schwierigste Abend dieser Reise. Wir fuhren zu der kleinen Stadt Elverum. Jeder Norweger kennt diese Stadt an der norwegisch-schwedischen Grenze, etwa 150 km nördlich von Oslo.

Als die deutschen Truppen im letzten Krieg Norwegen besetzten, floh der von seinem Volk geliebte und geachtete König. In Elverum aber holten ihn die Deutschen ein. Eine deutsche Kommission redete ihm zu, er möge doch mit den Deutschen zusammenarbeiten. Der König lehnte es ab. Es gelang ihm, zu entkommen und nach England zu flüchten. Wenige Stunden später legten deutsche Flugzeuge Elverum in Schutt und Asche. Übrig blieben nur der große Pfarrhof und die uralte Holzkirche. Das Entsetzen breitete sich aus in den norwegischen Wäldern.

Elverum ist inzwischen neu aufgebaut worden. Aber man kann verstehen, daß hier noch viel Haß gegen die Deutschen und viel Feindschaft lebt. So war es fast ein Wagnis, daß meine Freunde mich hierher brachten, damit ich in der Elverumer Kirche sprechen sollte.

Der ganze Abend war ein traumhaftes Erlebnis. In dem bleichen Mondlicht hielt unser Wagen vor dem großen Pfarrhof. Solche Pfarrhöfe kennen wir nicht. Es ist wie ein großer Gutshof mit Landwirtschaft und Vieh. In der Mitte steht das Pfarrhaus wie ein Herrenhaus. In der riesigen Wohnstube flammen gewaltige Eichenklötze im offenen Kamin. Man ist überrascht, in dieser Einsamkeit eine solche Wohnkultur zu finden. Der Tisch ist mit schwerem Silber gedeckt. Lange dünne Kerzen bilden einen wundervollen Tischschmuck.

Dann begrüßt mich der Pfarrer. Die würdige Gestalt im schwarzen Gehrock und schneeweißem Haar ist sehr eindrucksvoll.

Die Pfarrfrau ist eine lebhafte und muntere Frau. „Das ist Elchbraten", sagt sie zu mir, als ich erstaunt die riesigen Fleischschnitten ansehe. „Elchbraten?" frage ich. „Ich dachte, die Elche seien ausgestorben." „O nein", sagt sie lachend. „Hier werden jedes Jahr hundert Elche geschossen."

Später gehen wir von dem einsam gelegenen Pfarrhaus zur Kirche. Und während ich die unendliche Schneewelt im Mondlicht bewundere, fragt mich der Pfarrer, der langsam auftaut, nach den Erlebnissen meiner Reise. Ich erzähle ihm von meinen Vorträgen in Oslo, Malmö, Stockholm. Er interessiert sich dafür, daß ich vor Studenten und höheren Schülern in Schweden und Norwegen gesprochen habe. Und dabei kommen wir langsam in den Strom der Menschen, die, dick vermummt, der Kirche zuwandern.

Dieser Kirchenraum überwältigt mich. Riesige ungefügige Holzstämme, die vor Jahrhunderten gefällt wurden, sind quer übereinandergelegt und bilden die Wände. Sie sind vom Alter grau-schwarz geworden. Und der herrliche Schmuck des goldverzierten Altars hebt sich vor diesem düsteren Hintergrund seltsam ab. Es ist ein großer Raum. Er ist dicht gefüllt von Männern und Frauen, von Alten und Jungen. Tatsächlich! Sie sind gekommen, um das Evangelium aus dem Munde eines Deutschen zu hören. Sie sind gekommen – und doch ist es mir, als stünde eine Wand zwischen diesen Menschen und mir.

Und dann braust das norwegische Erweckungslied durch die Kirche: „Jesu Name nie verklinget...." Die Leute sehen mich erstaunt an, daß ich es mitsingen kann. Mit ein paar Worten begrüßt mich der Pfarrer. Ich verstehe nicht, was er sagt, denn er spricht norwegisch. Und dann, während ein Chor singt, gehe ich mit einem Dolmetscher auf die Kanzel.

Und nun ist alles ganz still. Es geht nicht anders – ich muß ein paar Worte sagen, die diese entsetzlich bedrückende Atmosphäre reinigen. „Ich weiß", beginne ich meine Rede, „wieviel Unrecht und Gewalttat Ihrem Volke von meinem Volke angetan worden ist. Seien Sie gewiß, daß ich in jeder Sekunde, die ich vor Ihnen stehe, daran denke. Und ich hätte nicht gewagt, zu Ihnen zu kommen, wenn meine norwegischen Freunde mich nicht so dringend eingeladen hätten. Nun bitte ich Sie: hören Sie meine Botschaft an. Es ist eine Botschaft, die von Gott kommt..." Während ich dies sage, geht es wie eine Bewegung durch die Versammlung. Es ist, als wenn eine eiserne Rollwand hochgehe. Der Weg ist frei. Und ich kann die Botschaft verkünden: „So sehr hat Gott die Welt geliebt, daß er seinen Sohn gab..."

Während ich spreche, merke ich immer mehr, wie die Herzen aufgehen, wie die Menschen gespannt zuhören. Das Evangelium schlägt eine Brücke über Abgründe von Abneigung und Haß.

O Elverum! In dir habe ich wieder einmal herrlich erlebt, wie wundervoll das Evangelium von der Gnade Gottes in Jesus die Welt erneuert.

Der eine hat viel, der andere wenig Zeit

Vorwurfsvoll sieht der junge Mann mich an: „Am letzten Sonntag hat der Gottesdienst fünf Minuten zu lange gedauert. Da haben wir unsere Straßenbahn nicht mehr bekommen."

Ich bin zerknirscht. Ob ich alt werde und zu lange predige? Oder haben wir ein bißchen zuviel gesungen?

Und dann taucht auf einmal eine Erinnerung auf: Es war im Jahr 1931. Da fuhr ich an einem Sonntagmorgen mit einem Pfarrer durch die kanadische Prärie. Ich sollte in irgendeinem fernen Ort – er war 250 km weit weg – einen Gottesdienst halten. Ja, wenn da noch gescheite Straßen gewesen wären! Als wir vom Highway herunter waren, ging es wirklich über Stock und Stein.

Und dann knallte irgendwo in der Einsamkeit der Reifen weg. Der Reservereifen, den wir aufmontierten, war auch fast am Ende. So wurde in der nächsten Ortschaft ein Kaufmann aus dem Bett getrommelt. Der verkaufte uns einen neuen Reifen.

Ich sehe mich im Geist vor dem Laden sitzen, während der Pfarrer mit dem Kaufmann verhandelt. Endlos dehnt sich die wellige Prärie im Sonnenschein. Endlos! Unablässig rechne ich mir aus, daß wir unmöglich rechtzeitig zum Beginn des Gottesdienstes ans Ziel kommen können.

Nun, es klappte wirklich nicht. Als wir vor der Blockhaus-Kirche ankamen, war es genau fünf Viertelstunden zu spät. Im Schatten der kleinen Kirche standen Reitpferde, Autos, Gigs und andere Gefährte. Und aus der Kirche erklang schallender Gesang.

Mir war übel zumute. Was wird die Gemeinde sagen, wenn die Pfarrer so schändlich zu spät kommen – ?

Und dann mußte ich lachen. Ein alter Presbyter berichtete, er habe inzwischen eine Katechese über den „Jüngling zu Nain" gehalten.

„Nun, und dann werden Sie jetzt nach Hause wollen?" fragte ich.

„I wo!" erwiderte er freundlich – und die versammelte Gemeinde stimmte zu. „Wir haben uns so gefreut, einen Prediger aus dem alten Vaterland zu hören. Legen Sie nur los! Aber unter einer Stunde dürfen Sie nicht aufhören." Und dann waren die Leute eine geschlagene Stunde lang aufmerksam bei der Sache.

Diese Geschichte fiel mir ein, als der junge Mann mir vorwarf: „Sie haben fünf Minuten zu lang gepredigt."

Wer hat denn nun den richtigen Lebensstil? Die kanadischen Farmer oder der junge Großstädter? Ich glaube, so darf man nicht fragen. Es hat jeder seine eigene Lebensform. Und ich möchte nur allen Predigern und mir selbst wünschen, daß wir beweglich genug sind, einem jeden das ewige Wort des Evangeliums so zu sagen, daß er es mit Freuden aufnehmen kann und daß er merkt: Das ist genau das Wort, das ich nötig habe.

Wir drei Brüder

Es war gleich nach dem Kriege. Damals wimmelte es in dem von Trümmern bedeckten Westdeutschland von englischen und amerikanischen Pfarrern, Professoren und Delegationen. Einer von diesen Besuchern stöhnte mir einmal halb lachend, halb ärgerlich vor: „Es ist schlimm mit euch Deutschen. Ihr scheint nur als Brüderpaare aufzutreten. Das gibt doch nur Verwechslungen."

Ich schaute ihn fragend an. Da erklärte er mir: „Ich will Herrn Giesen (jetzt Sekretär des Kirchentags) aufsuchen. Da gerate ich an seinen Bruder (Arzt, Vorsitzender der Evang. Akademikerschaft). Dann will ich zu Herrn Müller (jetzt Leiter der Evang. Akademien). Ich lande aber bei seinem Bruder (Oberkirchenrat in Stuttgart). Und jetzt geht es mir bei Ihnen auch so. Ich wollte zu Ihrem Bruder Johannes. Nun sind Sie wieder der Bruder."

So klagte der Amerikaner. Ich mußte lachen. Und dann führte ich ihn vor ein Bildchen, das an der Wand hing. Auf dem Foto sind *drei* Brüder Busch. „Wir Busch-Brüder", sagte ich, „sind unvollständig. Eigentlich gehören hier drei zueinander. Aber der dritte liegt in Rußland begraben."

Lange sah er das kluge Gesicht des Jüngsten an. Dann sagte er: „Schade, daß ich den nicht mehr besuchen kann."

Der Amerikaner ist längst entschwunden. Aber das Brüder-Bild hängt immer noch an seinem Platz. Oft stehe ich davor – und dann wird mir das Herz schwer und doch zugleich erfüllt mit Freude: Da stehen wir drei Brüder. Einer hat den Arm um die Schultern des anderen gelegt. Man spürt dem Bildchen ab, daß wir drei eine verschworene Gemeinschaft bilden.

Es wurde aufgenommen im Garten der Mutter, als wir dort wie die Verjagten zusammengekommen waren: Fritz war in Danzig ausgewiesen worden, Johannes war in Witten abgesetzt, und ich hatte in Stuttgart Redeverbot erhalten.

Wir haben uns immer verstanden! Selbstverständlich standen wir 1933 (ohne daß wir uns vorher verständigten) bei der „Bekennenden Kirche". Unvergeßlich ist uns eine Tersteegensruh-Konferenz: Mein Bruder Fritz hatte ein biblisches Referat, Johannes die Jugendversammlung und ich die Leitung der Konferenz. Und die Mutter war die treueste Hörerin. Ja, mein Herz wird fröhlich, wenn ich dies Bildchen ansehe. Dann tauchen liebliche Erinnerungen auf.

Aber – mein Herz wird auch schwer vor dem Bild. Es ist doch seltsam, wie Gott gehandelt hat. Zuerst hat Er den jüngsten, den Fritz, heimgeholt. Er ist in Rußland gefallen. Und dann hat Er den „mittleren", den Johannes, gerufen. Er ist im Auto verunglückt. Und mir, dem ältesten, geht es jetzt wie dem Boten, der dem Hiob den Tod seiner Kinder verkündet: „Ich bin allein entronnen..."

Ich schreibe diese Zeilen am letzten Tag des Jahres 1956, das mir den Bruder Johannes nahm. An diesem Tag geht das Herz ja gern auf den Pfaden der Erinnerung. Und da gehören wir drei zusammen.

Obwohl wir so wunderlich verschieden waren. Es ist geradezu erstaunlich, wie verschieden die Kinder derselben Eltern sein können. Der Fritz – das war unser Gelehrter. Er war der einzige, der es zu einem theologischen Grad gebracht hat. Immer wieder führten uns unsere Gespräche zu irgendeiner bedeutsamen Stelle im Alten Testament; denn es ging uns gerade im Kampf der „Bekennenden Kirche" während der Nazizeit auf, daß wir uns um ein neues Verständnis dieses Buches bemühen mußten, das viele Christen einfach als „Judenbuch" über Bord werfen wollten. Bei diesen Gesprächen war es am Ende immer so, daß wir beiden Älteren zuhörten und Fritz uns belehrte. Der Johannes – der war der Aktive. Wann und wo wir auch immer zusammenkamen – der Johannes brach als erster auf, weil er irgendwo einen Vortrag oder eine Jugendstunde zu halten hatte.

Und ich – nun, ich habe die beiden jüngeren Brüder geliebt, bewundert und von ihnen gelernt. Ich frage mich oft, was uns wohl so eng verbunden hat. Sicher nicht nur die Bande des Blutes; denn es gibt Brüder, die bitteren Streit haben. Ich bin überzeugt, daß es dies war:

Es hat uns gepackt, daß Paulus schreibt: „...daß ich nichts unter euch wüßte als Christum, den Gekreuzigten". Das schien uns allen ein erfüllendes Lebensprogramm zu sein. Wir hatten darin alle drei bei einem vorzüglichen Professor gelernt, der uns Jesus groß machte. Dieser Professor war – unsere Mutter.

Und auch darin waren wir verbunden, daß es uns immer wieder hinzog zu den „Brüdern im Herrn Jesus". Wie köstlich war es, wenn wir zusammen in den Ferien zu den Gemeinschaftskonferenzen auf der Schwäbischen Alb zogen. Aus Herzensgrund sangen wir es: „O wie lieb ich, Herr, die Deinen, die dich suchen, die dich meinen, o wie köstlich sind sie mir ..."

Im Löwenbräu

Eines Tages saß ich zusammen mit einem Mann, der sich im politischen Leben betätigt. So ganz beiläufig erzählte er: „In der letzten Woche war ich in München. Sprach da in einer Versammlung im Löwenbräu. Na, ich kann Ihnen sagen ..."

Ich hörte schon gar nicht mehr zu. „Löwenbräu!" Der Name lag mir ja schon seit langem in den Nerven – seit jenem Tag, da ich dem Münchener CVJM zugesagt hatte, im großen Löwenbräusaal Evangelisationsversammlungen zu halten.

Der Mann also kannte diese Löwenhöhle?! Da konnte ich ja einiges erfahren. Drum bemerkte ich – auch so ganz beiläufig – : „Ach Löwenbräu! Da soll ich in der übernächsten Woche das Evangelium predigen!"

Er schaute mich groß an: „Wie? Im Löwenbräu???..." Und dann lehnte er sich im Sessel zurück und fing einfach an zu lachen – na, das konnte ja nett werden ...

Und dann war der erste Abend gekommen. Eine Stunde vor Beginn betrat ich den riesigen Saal. Mir verschlug's den Atem. Ja, das war anders als eine Kirche! Welch ein Saal! Da hatte man beim Bau mehr an Bierausschank als an das Evangelium gedacht: Eine goldglitzernde Decke! Und blauweiße Bayernwimpel hängen von diesem goldenen Himmel. Das Ganze atmet biermäßigen Frohsinn für massive Gemüter.

Und welche Weite hat dieser Saal! Gut 1500 Menschen können hier an kleinen Tischen sitzen. Die Tische sind stehengeblieben. Ob die hier wohl Bierausschank während der Evangelisation vorgesehen haben?! Mir wird leicht schwummerig zumute.

Und dann kommen auf einmal ein paar junge Männer angestürzt: „O Pfarrer Busch!" Herzliche Begrüßung! Und dann muß ich fragen: „Wie ist denn die Sache gedacht? Bierausschank?" Heftiges Abwehren. „Nein! Nein! Aber – es ist immerhin ein großes Opfer, das der Löwenbräu bringt, uns den Saal ohne Bierkonsum zu überlassen. Die Leute haben jedoch eingesehen ..."

Ich muß lachen: „Schön! Und wer wird kommen? Eben habe ich auf der Straße einen Pfarrer getroffen. Der hat sich beschwert, daß Sie nicht in allen Kirchen eingeladen haben." Jetzt lachen die jungen Männer: „Ach, diese alte Litanei! Natürlich haben wir darauf verzichtet, die Christen einzuladen! Wenn wir die Leute rufen wollen, die sowieso in die Kirche gehen, brauchen wir nicht den Löwenbräu zu mieten. Wir wollen wirklich die Fernstehenden."

„Und was haben Sie getan, um die einzuladen?" Nun fangen sie an zu berichten. Den jungen Ingenieur hat die Polizei geschnappt, als er mit ein paar Freunden nachts Plakate klebte. Er hat versprochen, sie nach der Evangelisation abzuwaschen, wenn man sie nur jetzt hängen läßt. Und die Polizei war lieb und drückte sämtliche Augen zu.

Und der junge Doktor ist mit seinen Freunden morgens um 6 Uhr an Fabriktoren gestanden und hat eingeladen. Auf Sportplätzen und in Kinos haben sie ihre Einladungen verteilt, auf nächtlichen Großstadtstraßen und in Bumslokalen.

Mein Blick schweift über den weiten, riesigen Saal. Das ist ja alles ganz schön und gut. Aber ... „Liebe Leute", sage ich, „vielleicht hätte man doch die Christen und evangelischen Jugendkreise einladen sollen. Die geben einen Sog, füllen erst mal den Saal und ziehen dann die Fernstehenden nach. So hat schon der Vater der Evangelisation, Elias Schrenk, sich die Sache gedacht ..."

Die jungen Leute winken ab: „Dann ist der Saal voll mit Kirchenleuten und ..."

„Und wenn nun niemand kommt? Wenn wir in dem Riesensaal allein dastehen? Wie peinlich!"

„Das muß eben einmal im Glauben gewagt werden", sagt einer voller Ernst. „Man muß ja auch eine tolle Niederlage riskieren, wenn man wirklich Krieg führen und nicht nur so tun will."

Da wallt mein Herz. Wie glücklich bin ich, mit solch einer Schar im Namen Jesu Panier aufwerfen zu dürfen. Wir gehen miteinander in ein kleines Nebenzimmer und schreien zum Herrn, er möge uns nicht zuschanden werden lassen.

Dann hieß es: „Alle an eure Plätze!" Und nun standen sie: der eine draußen am Tor. Er redete wie ein Marktschreier: „Ja, nun kommen Sie schon rein, junger Mann! Es wird bestimmt nicht langweilig!"

Und schon wird der junge Mann von einem andern begrüßt, schon leitet ihn wieder ein anderer in den Saal. Dort steht einer und weist ihm einen Platz an. Das ist in dem leeren Riesenraum eine lächerliche Tätigkeit. Aber fünf Minuten vor Veranstaltungsbeginn, da ist das Platzanweisen nicht mehr lächerlich – da ist der Saal voll – meist junge Menschen zwischen 20 und 30 Jahren.

Am dritten oder vierten Tag mußten wir Nebensäle mit Lautsprechern anschließen. Und welch eine heilige Stille lag über dem Saal, wenn ich von Jesus sprach!

„So geht es nicht!" sagten mir ein paar Kirchenleute eines Tages. „Sie sprechen ja wie – nun, wie – also: So geht es nicht!"

Ich mußte an die jungen Männer denken, mit denen ich mich jeden Tag im Gebet vereinigte. Ach ja, wir wußten alle, daß wir alles verkehrt machten – sie und ich! Aber – darf uns unsre Unfähigkeit hindern, die Schlachten Gottes zu schlagen? „Das war ja so dein Wesen von alten Tagen her, daß du dir hast erlesen, was arm, gebeugt und leer; daß mit zerbrochnen Stäben du deine Wunder tatst und mit geknickten Reben die Feinde untertratst."

Camposanto

Wenn wir über einen deutschen Friedhof gehen, umgibt uns Stille. Feierliche Ruhe liegt über den Gräberreihen und den Anlagen. Es ist uns da oft, als berühre uns die unheimliche Majestät des Todes. Aber mancher schöne Bibelspruch und manches Kreuz bringen uns – über den Todeshauch hin – einen Gruß von jenem Ostermorgen, da der Sohn Gottes den Tod überwand. O ja, es gibt Friedhöfe, bei denen man etwas spürt von einer Erwartung: Die Auferstehung der Toten ist nahe!

Auf etwas Derartiges waren wir innerlich vorbereitet, als wir zu dem Camposanto in der italienischen Hafenstadt Genua fuhren. Wie aber waren wir verblüfft, als wir aus dem Autobus kletterten. Reisende aus aller Herren Länder drängten sich vor Ständen, in denen Postkarten und Andenken verkauft wurden. Alle Sprachen der Welt klangen laut und ehrfurchtslos durcheinander. Dazwischen das Geschrei von Fremdenführern und Bettlern.

Dieser Camposanto, dies „heilige Feld", ist eine sehr unheilige Sehenswürdigkeit.

So wußten wir nicht recht, ob wir lachen oder uns ärgern sollten, als wir uns einem Fremdenführer anschlossen. Und dann gab es eine Stunde lang Marmor: Marmorkreuze, Marmordenkmäler, Marmorhallen, Kuppelbauten, Galerien, Bildnisse in erdrückender Fülle.

Nach einer Stunde aber hatten wir uns umgestellt. Sie sind eben anders als wir, diese Italiener. Und sie haben eine unbändige Freude an Bauten und Kunstwerken. Und nun verströmt sich ihre Liebe zu den Verstorbenen in diesen Bildnissen, Skulpturen und Bauwerken.

Wenn ich jetzt an diesen Besuch auf dem Camposanto zurückdenke, stehen zwei Bildwerke besonders deutlich in meiner Erinnerung. Und in diesen beiden wundervollen Denkmälern offenbaren sich zwei Welten.

Das eine ist das lebensgroße Standbild einer alten Frau. Mit einer erstaunlichen Genauigkeit ist jede Spitze ihres Festkleides und jede Runzel ihres Gesichtes herausgearbeitet. Und dann erzählt uns der Fremdenführer in einem wilden Kauderwelsch, das aus drei Sprachen gemischt ist: Diese Frau war eine arme Bettlerin. Ein Leben lang hat sie gehungert und gespart, um nach ihrem Tode dies herrliche Grabdenkmal zu bekommen.

Ist das nicht erschütternd? Ein Leben für ein Grabdenkmal! Sonst nichts! Keine Spur blieb von diesem Leben als dieser Marmorklotz.

Ich fürchte aber, es gibt bei uns viele Menschen, von denen auch keine andere Spur zurückbleibt als ein Grabdenkmal. Sonst nichts! Keine Liebe! Keine Ewigkeitssaat! Nichts als ein Grabmal! Wie arm und leer ist solch ein Leben.

Ganz nahe aber bei dem Bild dieser alten Frau war eine andere, riesige Marmorgruppe: Da liegt ein junger Mann auf der Totenbahre. Daneben kauert mit tränenüberströmtem Gesicht die junge Witwe. Wenn das nun alles wäre, wäre es ein Denkmal der Traurigkeit, wie man es sich nicht furchtbarer vorstellen kann.

Aber da ist noch eine Figur: Zwischen dem Toten und der Trauernden steht der Herr Jesus. Die göttliche Hoheit des Gottessohnes liegt über dieser Gestalt wie ein unendliches Erbarmen. Der Heiland hat die starre Hand des Toten ergriffen. Mit seiner andern Hand berührt er tröstend das Haupt der traurigen Frau.

Welch eine Predigt ist das! Christen dürfen wissen und glauben, daß der auferstandene Lebensfürst unsre Toten mit der einen Hand hält, während seine andre uns aus aller Traurigkeit herausreißt ...

Als unser Omnibus wieder durch die lauten Straßen von Genua fuhr, begleitete uns diese machtvolle und tröstliche Predigt. Und wir wurden froh an – Jesus.

Der Jodler-Club

Ein Jodler-Club bei der Evangelisation!

Daß bei einer Evangelisation Kirchenchöre singen oder Gemeinschaftschöre – das sind wir gewohnt. Und die Chöre gleichen dabei oft (obwohl sie gewiß melodischer sind) den Posaunen von Jericho. Sie haben häufig Mauern in den Herzen umgesungen, daß das Wort Gottes seinen siegreichen Generalsturm antreten konnte. Ja, solche Chöre sind wir bei der Evangelisation gewohnt. Aber daß ein Jodler-Club bei einer Evangelisation auftritt, das ist – denke ich – noch nie dagewesen. Und nun habe ich es selbst erlebt.

Es geschah in der letzten Februarwoche dieses Jahres in dem schönen schweizerischen Dorf Brienz. Schon vor längerer Zeit hatte mir jemand berichtet, daß dort durch die treue Arbeit einiger Pfarrer geistliches Leben zu finden sei. Und als dann eine Einladung nach Brienz kam, nahm ich sie gern an.

Den eigentlichen Anstoß gab eine kleine sentimentale Geschichte: Während einer Ferienreise hatte ich für eine Nacht mit meiner Frau in Brienz Station gemacht. Vor dem Abendbrot machten wir noch einen kleinen Bummel an dem stillen See entlang, der von den gewaltigen Häuptern der Berge umsäumt ist. Die Abendsonne glänzte auf dem See, und in der goldenen Spur kam ein weißes Schifflein angefahren und legte klingelnd und mit viel Umstand bei uns an. Wir gingen durch kleine Gäßlein und durch die enge Hauptstraße und waren entzückt, wie dieses Dorf seinen Stil erhalten hat. Wir landeten auf dem lieblichen Kirchenhügel. Langsam verschwand die Sonne hinter den Bergen. Eine violette Dämmerung hüllte See und Berge ein.

Und auf einmal kam es mir vor, als sei dies Kirchlein in dieser gewaltigen Bergwelt wie ein lebendiges Herz. Und ich sagte: „In dieser Kirche möchte ich furchtbar gern einmal predigen."

Und da liegt eines Tages auf meinem Schreibtisch in Essen ein Brief vom Pfarramt Brienz „... mit der herzlichen Bitte: Komm herüber und hilf uns." „... Da trachteten wir alsbald zu reisen nach Brienz."

Ich vergesse nicht den strahlenden Morgen, als ich im Talar den grünen Kirchenhügel hinaufging. Da stand ein deutsches Touristenpaar und filmte nach allen Seiten die Herrlichkeit. Ein Pfarrer im Talar schien ihnen eine besonders interessante Staffage zu sein. Und als ich alles hatte geduldig über mich ergehen lassen, nahm ich sie mit in die Kirche hinein. Hinterher meinten sie dankbar, das sei ja nun ein besonderes Erlebnis: ein Festgottesdienst mit schweizerischen Chören.

Aber damit bin ich nun endlich beim eigentlichen Thema. Die Evangelisation fand in einem großen Saal statt. Die lieben beiden Pfarrbrüder hatten mächtig geworben. Und dabei hatten sie die Idee gehabt, man müßte alle Chöre (und Brienz ist ein singendes Dorf) einladen, mitzumachen. So würde am besten alles Volk beteiligt. So sangen nicht nur die christlichen Chöre, sondern an einem Abend ein Männergesangverein, an einem anderen Abend der „Arbeiter-Gesangverein" – ja, und da war dann die Frage aufgetaucht, ob der Jodler-Club auch beteiligt werden solle. Die Jodler wollten nicht recht ... und andere vielleicht auch nicht. Kurz, man überließ die Entscheidung mir. „Aber natürlich müssen die auftreten!" rief ich, als ich davon hörte.

Da saßen sie nun am letzten Abend auf dem Podium. Richtige Eidgenossen in ihren Trachten! Der Hauptjodler, ein großer starker Mann, fiel mir auf. Man flüsterte mir ins Ohr, der habe in London in der Royal Albert Hall schon vor der englischen Königin gesungen. Nun, das konnte schon so sein. Denn die Mannen hatten kein bißchen Lampenfieber, obwohl es eine große Versammlung war.

Ich weiß nicht, ob meine Leser einmal solch einen Jodler-Club gehört haben. Es ist eine seltsam ergreifende Art von Singen. Zuerst stimmen die Männer ein mehrstimmiges Liedlein an. Und das geht dann in das eigentliche Jodeln über. Da spürt man den Hauch der Berge und die Freude der Bewohner eines herrlichen, freien Landes. So schloß nun auch das Lied mit den verblüffenden Worten: „Die Schweizer sind des Herrgotts liebste Kinder."

Ein Lächeln ging durch die Versammlung, als ich ob dieser immerhin kühnen Behauptung einen Augenblick ziemlich ratlos dreinschaute, während die Sänger freudevoll Platz nahmen.

Aber dann faßte ich mich und sagte: „Wenn ich euer herrliches Land ansehe und denke, daß ihr seit 500 Jahren vom Krieg verschont geblieben seid, dann glaube ich auch fast, daß Gott euch besonders liebhat. Aber eine Frage habe ich nun doch an euch: Habt ihr denn auch eurerseits Gott lieber als andere Nationen? In der Bibel steht: Weißt du nicht, daß Gottes Güte uns zur Buße leitet?" Da wurde es auf einmal sehr, sehr still. Und in die Stille hinein konnte ich nun davon zeugen, daß Gottes Liebe vor allem in Seinem Sohne Jesus Christus zu uns gekommen ist – und daß Gott durch Ihn um unsere Herzen und um unsere Liebe wirbt.

Die Höhle in Postoina

Mit einem Ruck hielt der Omnibus. Leicht angeschlagen kletterten wir heraus.

Es war eine wilde Fahrt gewesen. Mit einem atemberaubenden Tempo jagte der Fahrer durch die steinige slowenische Landschaft. Wenn es durch eines der einsamen Dörfer ging, dann ließ er seine Sirene aufheulen, daß Gänse und Hühner erschrocken beiseite stoben und die Bewohner neugierig in die Türen ihrer ärmlichen Häuser traten.

Nun ja, der Fahrer konnte sich solche Fahrt leisten. Denn hier, im Inneren Jugoslawiens, trifft man kaum ein Auto auf den Straßen. Und solch ein Omnibus mit Ausländern bedeutet eine Sensation für die einsamen Dörfer.

Nun also waren wir am Ziel. Wir wollten die berühmten Höhlen besuchen, die früher einmal, als das Land noch österreichisch war, unter dem Namen „Adelsberger Grotten" weithin bekannt waren.

„Wilhelm! Gefällt's dir?" fragte mein schweizerischer Freund, der mich zu dieser Reise eingeladen hat – so gründlich eingeladen hat, daß ich nicht einmal meinen Geldbeutel mithabe. Wenn's etwas zu bezahlen gibt, dann heißt's nur: „Hans! Zieh's Portemonnaie!"

Der Liebe! Er sieht, daß wir etwas benommen sind von der wilden Fahrt, und hat sofort Sorge um uns. Ich muß lachen: „Wie sollte es uns hier nicht gefallen!" – Weit geht der Blick von hier in das Land. Endlose Wellen grüner Berge. Dazwischen die roten Dächer von ein paar unendlich verlassenen Dörflein. Und über allem ein berauschend blauer Himmel.

Da tritt ein eleganter, hochgewachsener Jugoslawe zu uns. Er spricht deutsch. Unsere kleine schweizerische Reisegesellschaft von etwa fünfzehn Personen drängt sich um ihn. Er wolle uns führen, sagt er. Und dann erzählt er uns einiges über die Höhlen. Zwanzig Kilometer lang zieht sich die Grotte in die Tiefe der Felsen. „Wir werden zuerst sechs Kilometer mit einer kleinen Bahn fahren. Und dann werden wir weitere sechs Kilometer durch die Grotten wandern." Nach dieser Einleitung sind wir mächtig gespannt auf das, was nun kommen wird.

Aber unsere Erwartungen werden weit übertroffen. Das kann keine Feder schildern: Diese Riesenhallen, geschmückt mit den eigenartigsten Tropfsteinen. Seltsame Gebilde oft, die fast erschreckend aussehen! Dann wieder wunderbar zarte Säulen, die in den feinsten Farben funkeln. Unheimliche Schluchten, in denen Unterweltsbäche rauschen! Säle, die wie zu einem Fest geschmückt sind durch den immer tropfenden Kalkstein.

In dieser Höhle nun hatte ich ein kleines Erlebnis, das mich tief erschreckte.

Ich war ein wenig hinter der Gesellschaft zurückgeblieben, um ganz allein und still die Pracht auf mich wirken zu lassen. Darüber hatte ich nicht beachtet, daß unser Führer ab und zu an ein Schaltbrett trat, um die Lichter hinter uns abzudrehen und den Weg vor uns zu beleuchten. Denn es würde ja einen ungeheuren Stromverbrauch bedeuten, wenn die Riesenhöhle die ganze Zeit über beleuchtet wäre.

Der Führer hatte wohl nicht gesehen, daß ich noch nicht da war. Und so kam es, daß ich auf einmal im Dun-

keln stand. Das war unheimlich. Wo eben noch Stalakti-
ten und Stalagmiten in herrlicher Beleuchtung das Auge
ergötzt hatten, war mit einem Male tiefe Finsternis.

Erschrocken stand ich still. Jeder Schritt konnte mich
in einen der Abgründe stürzen, die neben dem Wege
lagen. Irgendwo da vorne liefen die andern, fröhlich und
im Licht. Ich aber war im Dunkeln, – verlassen.

Und da schoß mir ein Wort durch den Sinn, das der
Herr Jesus einmal gesagt hat über die Scheidung der
Menschen am Ende: „... der andre wird verlassen wer-
den."

Das muß schrecklich sein, wenn man die Gnade Gottes in Jesus verschmäht hat – wenn man es erleben muß,
wie die andern eingehen zu der „seligen Ruhe bei Jesus
im Licht" – und man selbst bleibt zurück in der Finsternis, die man sich selbst erwählt hat ...

Kurz danach hörte ich die Stimmen meiner Freunde.
Und ich war wieder bei ihnen. Mein Herz aber betete:
„Mache mich selig, o Jesu!"

Der verlorene Bruder

„In diesem Jahr möchte ich in den Ferien mal so 'ne richtige, zünftige Radfahrt machen! Machst du mit?"

Es ist etwa dreißig Jahre her, daß mein Bruder – er ist
irgendwo in Rußland begraben – mich so fragte.

„Hurra!" rief ich. „Endlich ein vernünftiger Vorschlag.
Wohin sollen wir? Schwarzwald? Eifel?..." Ärgerlich winkte mein Bruder ab. „Wenn ich schon so was höre! Ich
denke an Lago Maggiore, Lugano oder so was!"

„Einverstanden!" rief ich. Nun muß man allerdings wissen, daß damals solch weite Fahrten eine große Seltenheit waren. Die Autos hatten die Welt noch nicht
erschlossen. Die Straßen waren noch nicht geteert. Und

schließlich war ich doch schon Pfarrer in einer Groß-
stadt.

Aber der Plan leuchtete mir ein. Und so waren wir
eines Tages über den Gotthard gefahren. Zischend sau-
sten unsre Räder nach Airolo hinunter. Dann aber
begann eine heiße, staubige Fahrt durch das Tessin. Wie
gesagt: die Straßen waren noch nicht geteert. Der Staub
wirbelte schrecklich. Dazu war Hochsommer. Die Sonne
brannte fürchterlich.

Müde und schweißtriefend trampelten wir auf Bellinzona zu. Eintönig klapperte der Kochpott hinten auf dem
Gepäckträger.

Da – plötzlich kam Hilfe. Ein Lkw – damals eine große
Seltenheit! – kam hinter uns hergefahren und überholte
uns. Im Nu waren wir in Staubwolken gehüllt. Aber im
selben Augenblick hatten die beiden Brüder auch den-
selben Gedanken: ein paar gewaltige Tritte in die Peda-
le, und schon hingen wir rechts und links an dem Lkw.

Nun begann eine fürchterliche Fahrt. Der Wagen hatte
für damalige Verhältnisse unerhörtes Tempo. Die
Straßen waren schlecht. Wir konnten nicht die Hand vor
Augen sehen vor dem dichten Staub, der unmittelbar vor
uns aufgewirbelt wurde.

Und dann kam beinahe die Katastrophe. Wir fuhren
durch eine enge Dorfstraße. Nur schattenhaft sahen wir
rechts und links ein paar Häuser. Und dann tauchte vor
mir ein Hindernis auf: die Treppe eines armseligen Hau-
ses sprang in die Straße vor. Der Lkw fand noch Platz,
daran vorbeizuwischen. Aber für mich war kein Raum
mehr. Ich konnte nur noch loslassen, ehe ich gegen das
Treppchen prallte. Und dann stürzte ich. Sofort waren
eine Menge italienisch sprechende Schweizer um mich
her, hoben mich auf, bogen mein Rad gerade, stopften
mir wundervolle Weintrauben in den Mund.

Eine Viertelstunde später strampelte ich muttersee-
lenallein und müde die endlose Straße auf Bellinzona zu.

Kurz vor der Stadt fand ich meinen Bruder. Da saß er ganz geschlagen am Straßenrand. Er hatte in dem Staubwirbel gar nicht gemerkt, daß ich zurückgeblieben war. Nun saß er da und jammerte: „Ich habe meinen Bruder verloren. Und ich habe es noch nicht einmal gemerkt."

Das Wiedersehen wurde herrlich. Fröhlich fuhren wir in Bellinzona ein.

Wir müßten wohl alle je und dann den Satz meines Bruders sagen: „Ich habe meinen Bruder verloren. Und ich habe es nicht einmal gemerkt." Wie oft geschieht es uns, daß aus unsrer Gemeinschaft oder aus unsrem Kreis ein Bruder oder eine Schwester auf der Strecke bleibt. Und keiner kümmert sich um sie. Keiner merkt es. Gott aber fragt uns: Wo ist dein Bruder Abel?

Die älteste Leserin von „Licht und Leben"

Im vergangenen Sommer hatte ich irgendwo in einer schönen Gegend Westfalens eine Freizeit mit 350 jungen Burschen aus Essen.

Mir war zuerst ganz schwindlig geworden, als sich so viele anmeldeten. Aber dann hatte ich mich auch gefreut. Denn schließlich wußten die Kerle ja, daß bei uns die Bibel im Mittelpunkt solch eines Ferienlagers steht. Und da ist es doch eine herrliche Sache, daß junges Volk so aufgeschlossen ist für das Evangelium.

Aber – wohin mit so vielen jungen Leuten?!

Da war ich natürlich von Herzen dankbar, daß die lebendige Gemeinde dort im Sauerland mich durch ihren Pfarrer einlud. Das gab gewaltige Vorbereitungen. Sieben große Höfe stellten ihre Scheunen zur Verfügung. Dazu kamen eine Schule und ein Gemeindehaus.

Und dann rollten die Burschen an – mit Rädern, mit der Eisenbahn. Und die ganz Schlauen trampten.

Weil ich doch nicht an allen neun Stellen zugleich sein konnte, mußte ich die einzelnen Lager meinen lieben, prächtigen, gläubigen Mitarbeitern überlassen. Hier war ein Student Lagerleiter, dort hielt ein junger Ingenieur die Bibelarbeit ... Kurz, alle Lager waren auf das Herrlichste versorgt.

So konnte ich die Zeit nutzen, in verschiedenen Dörfern Evangelisationsversammlungen abzuhalten. Da ging es dann munter her: Es wurden in solch ein Dorf hundert Radfahrer von meinen Jungen hinbeordert. Die sangen durch die Straßen, luden in Sprechchören zu den Versammlungen ein, sangen auch in der Kirche ein Lied. Kein Wunder, daß viel Volk auf solche stürmische Einladung hin zusammenkam und das Evangelium hörte.

Dabei nun hatte ich ein kleines Erlebnis, das sich mir tief einprägte. Ich kam mit meinem Wagen in das Dorf gefahren, in dem ich an dem Abend sprechen sollte. Da stand ein lieber Bruder und sagte: „Können Sie nicht meine alte Mutter eben noch begrüßen?" Ich schaute auf die Uhr: „Viel Zeit ist nicht. Aber – meinetwegen! Steigen Sie ein!"

Und dann leitete er mich. Ach, du liebe Zeit! Was war das für ein Weg! Ganz eng zwischen Hecken hindurch, einen Berg hinunter und wieder hinauf – von Pflasterung keine Spur – mein Wagen rutschte in den ausgefahrenen Gleisen hin und her. Ich wurde richtig ärgerlich: „Mann, das ist ja am Ende der Welt! Wir kommen ja gar nicht mehr rechtzeitig zurück!" Leise schimpfend klammerte ich mich ans Steuerrad, das wild ausschlug.

Endlich! – Ein hübscher Hof. Wundervoll der Blick über das grüne Land. Aus dem Hause kommen Alte und Junge, um zur Evangelisationsversammlung zu eilen. Fröhliche Grüße klingen mir entgegen. –

Und dann stehen wir in einem stillen Krankenstüblein. Da liegt die Großmutter. „89 Jahre bin ich alt", sagt sie.

„Sie ist sicher die älteste Leserin von ‚Licht und Leben'", wirft der Sohn ein.

Ich schaue der alten Mutter ins Gesicht. Ein tiefer, köstlicher Friede liegt darauf. „Warum wollten Sie mich sprechen?" fragte ich sie. Da bekomme ich die beglückende Antwort: „Ich wollte Sie gern einmal sehen. Denn ich bete jeden Tag für Sie." Da kamen mir die Tränen in die Augen vor Bewegung. Wenn diese alte Frau sogar mich in den Kreis ihrer Fürbitte eingeschlossen hat – wie weit muß dieser Kreis gespannt sein! Und es überfiel mich gewaltig der Gedanke: Welche Wirkungen gehen von diesem Krankenlager aus! Denn die Beter sind es, die am tiefsten die Welt bewegen.

„Ich mach's nur mit dem Mund!"

Es war drei Tage nach Weihnachten. Da erlebte ich eine ganz kleine Geschichte am Rande, über die ich herzlich lachen mußte.

Nichtsahnend und friedlich trat ich aus der Haustür, um einen Gang in die Stadt zu machen. Unversehens aber befand ich mich in einer wilden und kriegerischen Welt. Die kleinen Buben in der Nachbarschaft hatten zu Weihnachten Cowboy-Kleidung und allerlei Schießzeug bekommen. Und nun spielten sie „Wild-West".

Hinter Bäumen und parkenden Autos gingen sie geduckt in Stellung und schossen gewaltig aufeinander los. Ab und zu versuchte einer zum Angriff vorzugehen. Aber dann verstärkte sich das Feuer nervenzermürbend.

Für diese Jungen war das hier keine simple Straße in Essen. Sie befanden sich in der amerikanischen Prärie unter Banditen, Räubern und Cowboys.

Ich schaute mir die Sache an. Und allerlei Gedanken zogen durchs Hirn. ‚Es ist doch merkwürdig, wie sehr der Mensch von Natur aus einen Spaß am Töten hat. Oder ist hier in der Erziehung etwas schräggelaufen? Wildwestfilme und der Unverstand der militaristischen oder sehr gedankenlosen Eltern lassen diese Buben in solche Mordatmosphäre schliddern. Oder aber ist es nur einfach die Jugendsehnsucht nach Abenteuern?'

Während ich dem nachdachte, rannte mich einer beinahe um. Der trug eine kindliche, blecherne Maschinenpistole und fingerte aufgeregt daran herum.

„Junge!" sagte ich. „Laß das Ding doch mal sehen! Wie funktioniert das eigentlich?"

Er schaute zuerst wild nach allen Seiten, ob kein Feind in Sicht sei. Dann ließ er sich zu einer Antwort herab. Und die war verblüffend. „Sie is kaputt seit gestern", erklärte er. „Ich mach das Schießen mit dem Mund." Und dann hielt er seine Maschinenpistole wie zum Schießen bereit, und indem er mit dem Mund „Päff-Päff-Päff" knallte, rannte er davon. Es war so komisch, daß ich laut lachen mußte.

Während ich weiterging und der Schlachtenlärm hinter mir verhallte, liefen meine Gedanken noch mal davon. Aber diesmal in einer anderen Richtung.

Ich sah den Jungen vor mir, der gewaltiges Getöse machte. Aber – nur mit dem Mund. Es war nur Schein. Nichts schoß wirklich. Nicht einmal Zündplättchen. Nur der Mund besorgte alles. Und das tönte gewaltig, als wenn etwas passieren müsse. Doch – es konnte ja gar nichts passieren. Er machte ja alles „nur mit dem Mund"!

Da mußte ich wehmütig an so viele Gemeinschaftsstunden und Predigten denken. Da tönt es gewaltig. Aber – man macht es nur mit dem Mund. Es wird niemand getroffen. Es ist alles völlig harmlos, trotz großem Getöse, trotz Pathos und tiefer Gedanken.

Geistlicher Scheinkampf – nur mit dem Mund!

Wo aber in Vollmacht verkündigt wird, da werden Menschen „getroffen". Da geht's nicht mehr harmlos zu.

Ja, da gibt es wirklich „Sterben", nämlich Sterben des
alten Menschen.

Jesus unter Jungbergleuten

„Rrrr...." Das Telefon! Ich nehme den Hörer ab. „Hier
Zeche XY. Herr Pfarrer, Sie kennen doch unser
Baracken-Lager für Jungbergleute. Es wäre gut, wenn
sich mal ein Pfarrer um die Leute kümmern würde.
Könnten Sie da nicht Besuche machen?"

„Gern! Aber – da war ich früher schon mal. Und dann
hat es Schwierigkeiten mit dem Betriebsrat gegeben.
Sind denn die Männer vom Betriebsrat einverstanden,
wenn ich komme?"

„Doch, doch! Die haben nichts dagegen."

„Gut! Ich werde kommen. Aber zuerst will ich mich mit
dem Betriebsrat verständigen." –

Am nächsten Tag sitze ich in dem kahlen Zimmer des
Betriebsrats. „Also, Herr Pfarrer", sagt der Vorsitzende,
„mit den Schwierigkeiten damals haben wir nichts zu
tun. Wir haben nichts dagegen, wenn die Kirche ihre
Schäflein betreut. Ich bin zwar selber aus der Kirche aus-
getreten und habe auch nichts dafür übrig. Aber..."

„Das interessiert mich nicht", falle ich ihm ins Wort.
„Doch Sie sollen wissen, daß der Sohn Gottes auch für
Sie am Kreuz gestorben ist, auch für Sie! Das sollte man
nicht in den Wind schlagen."

Einen Augenblick lang ist Stille. Dann: „Herr Pfarrer,
nehmen Sie eine Zigarette?" –

Seitdem gehe ich jede Woche in dieses Baracken-
Lager. Es ist mein schwerster Dienst. Ich erzähle ein
wenig davon in der Hoffnung, daß ein paar Leser von
„Licht und Leben" mit mir beten um eine Erweckung in
diesem Lager.

Ich sitze in einem Zimmer mit zwei jungen Männern. Nebenan ist ein ungeheures Getobe. Drei verschiedene Schlager werden durcheinander gesungen. Eine Ziehharmonika quietscht.

„So sind die nun seit vielen Stunden dran", sagt ein junger Mann zu mir. „Gestern hat es Geld gegeben. Und nun feiert einer Geburtstag."

Ich erhebe mich. „Sie wollen doch nicht da reingehen?" fragt der junge Mann erstaunt. „Doch" sagte ich, „da muß ich reingehen." „Ja", meinte er, „vielleicht ist es ganz gut, daß Sie sich im Moment mal die Sache ansehen. Achten Sie namentlich auf den Wandschmuck. Da kann ein Pastor lernen, was in der Welt los ist."

Und dann trete ich in das „Radauzimmer". Zwölf Mann drängen sich in der verräucherten Bude. Die Wände sind mit unanständigen Bildern dekoriert. Bier- und Schnapsflaschen stehen auf dem Tisch. Fragend wenden sich mir alle zu. Nur die Ziehharmonika spielt weiter.

„Ich bin der evangelische Pfarrer", stelle ich mich vor. Da wird's einen Augenblick totenstill. Ich muß diese Stille zerschlagen. „Ich höre, Sie feiern Geburtstag. Wo ist denn das Geburtstagskind?" Einer tritt etwas verlegen vor. Ich schüttle ihm die Hand und sage ihm meine guten Wünsche. Und dann frage ich, ob ich nicht ein bißchen mitfeiern dürfe.

Da löste sich die Spannung. Einer bietet mir ein Glas Schnaps an. „Danke! danke!" sage ich. „Erstens muß ich gleich Auto fahren. Und zweitens sowieso... Aber wer mitfeiert, muß ja auch etwas beitragen zur Geburtstagsfeier. Und da habe ich gedacht, ich könnte Ihnen mal 'ne schöne Geschichte zur Unterhaltung erzählen. Sind Sie einverstanden?"

Es ist allen recht. Sie lagern sich um mich her. Ich sitze auf dem Bettrand. Die Jungens sitzen auf Hockern und auf dem Boden. Und aufmerksam hören sie mir zu, wie ich ihnen nun die Geschichte von einem jungen Mann erzähle, der in Sünden lebte, sehr unglücklich war und dann seinen Heiland fand. Es ist wundervoll: Keiner unterbricht, keiner stört, keiner lacht. Sie fühlen wohl sehr deutlich, wie das in ihre Lage hineinpaßt.

Auf einmal geht die Tür auf. Der junge Lagersprecher kommt herein, sieht erstaunt das friedliche Bild und sagt: „Es war auf einmal so still. Da wollte ich sehen, was los ist." –

Als ich das Zimmer verlasse, bin ich überzeugt, daß das Gebrüll hinter mir wieder anhebt. Aber auch eine halbe Stunde später noch ist es still drinnen. Offenbar diskutieren sie, was ich ihnen gesagt habe...

Ich klopfe an. „Herein!" In der kahlen Bude liegt einer auf dem Bett und liest einen Schundroman. Der andere hat auf dem Tisch Brot, Wurst und Butter ausgebreitet und will essen. Ich suche ein Gespräch anzufangen. Aber es mißlingt alles. Ich frage nach ihrer Heimat und nach ihren Eltern. Doch ich bekomme nur kurze, brummige Antworten.

Schließlich aber bin ich ja nicht da, um Gespräche zu führen, sondern um eine Botschaft auszurichten. So setze ich mich auf den Bettrand, nehme dem jungen Mann mit freundlichem Grinsen den Schundroman aus der Hand und sage: „Hören Sie mir mal drei Minuten zu! Ich werde Ihnen jetzt etwas ungeheuer Wichtiges sagen. Was Sie damit machen, ist Ihre Sache. Sie können es wegwischen, Sie können es auch annehmen."

„Ich lasse mich überraschen", sagte er.

„Meine Botschaft besteht nur aus einem einzigen Satz: So sehr hat Gott die Welt geliebt, daß er seinen eingeborenen Sohn gab, auf daß alle, die sich ihm anvertrauen, nicht verloren werden, sondern das ewige Leben haben."

Da wird zum erstenmal der am Tisch lebendig. Gelassen legt er sich dicke Scheiben Leberwurst auf sein Brot und erklärt, während er mit vollem Munde kaut: „Sie können reden, was Sie wollen: Es interessiert uns nicht."

„Ja", erwidere ich, „das habe ich gemerkt. Aber Sie haben hoffentlich gemerkt, daß der lebendige Gott sich für Sie interessiert und Seinen Sohn für Sie gegeben hat. Was Sie mit dieser Botschaft anfangen, ist Ihre Sache. Glückauf!"

In einem Zimmer finde ich einen blutjungen Kerl. Er war auf Nachtschicht und hat gerade geschlafen. Zur Begrüßung gähnt er mir herzergreifend entgegen.

Ich setze mich zu ihm auf den Bettrand und warte, bis er den Mund wieder zumacht. Dann guckt er mich an. Ich gucke ihn an. Schließlich muß ich lachen. „Ich möchte doch wissen, was Sie jetzt denken, wenn so ein Pastor zu Ihnen kommt." Einen Augenblick überlegt er. Und dann sagt er auf einmal ganz herzlich: „Eigentlich ist es ja ganz schön, daß mal jemand nach einem schaut. *Das* denke ich."

In dem Augenblick spürte ich, daß bei ihm eine Tür aufgegangen war, und durch diese offene Tür ging ich hindurch.

Leben ohne Alltag

Seitdem ich „Licht und Leben" redigiere, habe ich diese Rubrik „Schriftleiter, erzählen Sie mal...!" besonders gern. Denn ich habe den Eindruck, daß durch diese Erzählungen ein persönliches Band zwischen den Lesern und dem Schriftleiter geknüpft wird.

Nun möchte ich nicht den Eindruck erwecken, als wenn ich immer nur außergewöhnliche Dinge erlebte. Darum will ich in diesem Heft ein wenig berichten von dem Alltag meines Dienstes. Allerdings habe ich das nun schlecht ausgedrückt; denn ich bin Gott überaus dankbar, daß Er mir ein „Leben ohne Alltag" geschenkt hat.

41

In bin kein berufsmäßiger Evangelist. Ich bin auch nicht professioneller Schriftsteller. Sondern ich bin angestellt als Jugendpfarrer in Essen. Und aus dieser Arbeit möchte ich jetzt ein wenig erzählen.

Ich fahre aus dem Schlafe auf.

Als ich die Nachttischlampe angeknipst habe, sehe ich, daß es nicht mehr weit von Mitternacht ist. Jemand klopft an meine Tür. Nun, die Tür ist nicht abgeschlossen... Mit 60 jungen Leuten wohne ich in einem entzückenden Heim irgendwo im Bergischen Land. Die Bibelarbeit und das Wandern mit den Jungen haben mich müde gemacht, so daß ich schnell eingeschlafen bin, obwohl das Haus noch vom Lärm der jungen Burschen erfüllt war. Aber nun ist es ganz still.

„Herein!"

Die Tür geht auf, und herein schiebt sich ein stabiler 18jähriger Bursche und erklärt, er müsse mich unbedingt sofort sprechen. Ich fordere ihn auf, einen Stuhl neben mein Bett zu rücken. Als er sich setzt, kommt er in den Lichtschein der Lampe, und nun erkenne ich sein Gesicht.

Jetzt muß ich zu meiner Schande gestehen, daß ich sehr viele von den Jungen, die durch unsere Arbeit gehen, nicht kenne. Es sind ja viele hundert. Auch von diesem Burschen weiß ich wenig. Er ist vor kurzem erst bei uns aufgekreuzt. Und dann fiel er mir jetzt in der Freizeit auf, weil er mit einem geradezu verzehrenden Hunger der Bibelarbeit folgte.

Jetzt ist sein Gesicht gezeichnet von einer abgrundtiefen Verzweiflung. „Erzähle nur!" sage ich zu ihm. Und dann bekomme ich die Geschichte eines richtigen „Halbstarken" zu hören: Völlig kontaktlos lebt er innerhalb seiner Familie und an seiner Arbeitsstelle. Kontakt findet er schließlich mit einer Bande, die Autos knackt. Einmal nimmt ihn die Polizei fest. Das gibt ihm einen fürchterlichen Schock. Als er nach 24 Stunden wieder entlassen wird, weiß er, daß er sein Leben ändern muß. Er hat aber keine Ahnung, wie das vor sich gehen könnte. Und dann kommt ihm der Gedanke, so etwas könnte mit der Bibel zusammenhängen. Er kauft sich eine Bibel...

Der Anfang der Geschichte ist im Ruhrgebiet alltäglich. Aber die Fortsetzung erschüttert mich: daß ein junger Mensch ohne irgendeine Beziehung zu einer christlichen Gemeinde anfängt, die Bibel zu lesen. Er hat keine Ahnung, wo er anfangen soll, und er verheddert sich in endlosen Geschlechtsregistern. Dann hört er von unserer Arbeit und kommt in das Klubhaus für Jungen, ins „Weigle-Haus".

Er macht unsere Freizeit mit. Und bei der Freizeit geschah es, daß er ins Licht Gottes gestellt wurde. Der starke junge Mensch zittert, weil der Schrecken Gottes über ihn gekommen ist.

Nun rede ich mit ihm von der Gnade Gottes, die in Jesus erschienen ist für Sünder, die umkehren wollen. „Kennst du die Geschichte vom verlorenen Sohn?" frage ich ihn. Er hat sie nie gehört. Wir lesen sie miteinander.

Ich vergesse nicht, wie er erschüttert mit dem Testament in der Hand dasaß und leise immer neu vor sich hinmurmelte:„Solch eine Barmherzigkeit! Solch eine Barmherzigkeit!"

Und nun kommt das, warum ich diese Geschichte erzähle. Als ich zu ihm sage: „Diese Barmherzigkeit ist für dich da!" schaut er mich groß an und erwidert: „Das müßte ER mir selber sagen."

Nun, es war lange nach Mitternacht, als ER es ihm selber sagte durch ein Wort des Propheten Jesaja, das mir selber in dem Augenblick gar nichts sagte. Und seitdem ist er ein treuer Helfer in meiner Arbeit. Ich habe ihn gefragt, ob ich seine Geschichte drucken dürfte. Und er hat es mir erlaubt.

Mir scheint der Satz, den der Junge im entscheidenden Augenblick sprach, unerhört wichtig. Wenn ein Mensch wirklich in Sündennot kommt, dann wird ihm nur geholfen, wenn ER selber die Gnade zusagt. Und als der Junge von mir gegangen war, habe ich noch lange wach gelegen; denn ich verstand auf einmal, was Vollmacht ist. Das wäre Vollmacht, wenn wir in einem solchen seelsorgerlichen Gespräch so sprechen könnten, daß der Angefochtene merkt: Jetzt spricht nicht ein Pfarrer, sondern ER selber.

Vor ein paar Tagen hatte ich ein langes Gespräch mit dem jungen Mann. Er berichtete mir aus dem Alltag seines Glaubenslebens. „Wir machten einen Betriebsausflug", erzählte er. „Und weil ich so früh aufbrechen mußte, war ich nicht dazu gekommen, die Bibel zu lesen. Ich steckte mir mein Testament ein. Unser Autobus machte irgendwo halt. Alles stieg aus. Da ging ich an eine stille Waldecke und las mein Testament. Auf einmal kam ein Kamerad vorbei und sah, daß ich die Bibel las. Lachend lief er zu den anderen und berichtete ihnen davon. Das gab natürlich ein großes Hallo..."

„Was hast du denn gemacht?" fragte ich ihn.

Man sah seinem ernsten Gesicht an, was für eine entscheidende Stunde dies in seinem Leben gewesen ist. „Ich habe ihnen erzählt, daß mir Barmherzigkeit widerfahren ist und daß mein Leben eine neue Richtung bekommen hat. Und dann waren sie plötzlich alle ganz still und ließen mich in Ruhe."

In diesen Tagen bekam ich einen Brief aus Holland. Er kam von dem Pfarrer der Insel Texel. Als ich ihn öffnete, fielen 35 Gulden heraus und ein wundervoller Brief. Eine meiner Jungenabteilungen hatte im August 14 Tage lang auf dieser Insel ein Ferienlager. Weder ein Pfarrer noch ein Jugendsekretär war dabei. Freiwillige Mitarbeiter leiteten die kleine Freizeit, ein Oberstufenschüler und ein Student. Der Pfarrer schrieb: „Ich möchte Ihnen diese

35 Gulden für Ihre Arbeit schicken. Es ist etwas Wunderliches bei uns passiert. Nicht nur waren die Begegnungen mit der Jugend meiner Gemeinde auf verschiedenen Gebieten sehr intensiv (man hat einen Offenen Abend arrangiert, miteinander Sport getrieben usw.),sondern die Gruppe aus Essen hat – und manchmal, ohne es zu wissen – auch geistlich sehr viel für unsre Jugend bedeutet. Sie hat die Andachten am Morgen und am Abend für alle Jungen und Mädchen hier in Den Hoorn offen gehalten, und sehr, sehr viele haben sich selbst überwunden und sind hingegangen. Sie hat am Schluß des Lagers mit zwei Vertretern des Kirchenrates und mit mir ein Abendmahl gefeiert in der Kirche, und auch dies hat einen tiefen Eindruck gemacht, weil die Christen hier eigentlich nach dem 18. Lebensjahr konfirmiert werden. Ich danke Gott, daß wir hier eine lebendige Gemeinde haben und daß auch uns der Heilige Geist gegeben ist. Aber als wir beim Liebesmahl saßen und ich auch die eigene Jugend beten hörte (diesen Freimut hatte sie von Ihrer Gruppe gelernt), war ich wirklich ergriffen und tief erfreut und habe das Wirken des Geistes in ungewöhnlicher Kraft gesehen.

Jetzt hoffe ich, daß dies alles ein wenig bleiben wird und daß wir die Kraft bekommen, in diesem Glauben fest zu bleiben. Sie wissen natürlich aus eigener Erfahrung, wie schwer es manchmal ist, den Geist eines guten Ferienlagers auch im täglichen Leben zu bewahren, und wie schwach wir Menschen immer wieder sind. Wir sind Fleisch und nicht Geist, und wir setzen unsere Hoffnung auf Ihn..."

Es gibt auch andere Briefe! Gerade in diesen Tagen erhielt ich ein Schreiben: „Ich bin auch einst im Weigle-Haus aus- und eingegangen..." Und dann kommen viele, viele Zeilen, in denen der Schreiber sagt, daß meine ganze Arbeit verkehrt sei: „Sehen Sie sich um, wie dünn die Saat ist, die aus dem Weigle-Haus aufgeht!"

Als ich bis hierhin gelesen hatte, ließ ich den Brief sinken. Oh, wie recht hat der Mann! Und nun standen wieder all die quälenden Stunden vor mir, wo ich glühend einen Flickschuster beneidet habe. Der sieht doch am Abend jeden Tages die sechs Paar Schuhe, die er fertig gemacht hat. Was aber sieht ein Jugendpfarrer? Hunderte und Hunderte gehen durch die Arbeit, hören von dem Heil Gottes in Jesus – und verschwinden auf Nimmerwiedersehen.

Und manchmal sieht man sie auch wieder. Es schellt an meiner Haustür. Meine Frau macht die Tür zum Studierzimmer auf und sagt: „Da ist Besuch für dich!" Herein kommt ein Mann von etwa 35 Jahren. Eine umwerfende Alkoholfahne weht vor ihm her. Er wirft sich in einen Sessel, zieht eine Zigarettenpackung heraus und steckt sich zuerst mal eine Zigarette an.

„Kennen Sie mich noch?" fragt er. Ich studiere in den Gesichtszügen – und dann erkenne ich ihn. „Du bist Willi S." Und sofort stehen eine Menge Bilder vor mir auf. Er war einer meiner Helfer in der Zeit des Hitlerreiches, als unsere Arbeit immer bedroht und gefährdet war und wir nur im Glauben einfach weitermachen konnten. Unwillkürlich war ich in das Du gefallen. „Was machst du denn jetzt, Willi?" frage ich ihn. „Nun, eben komme ich aus dem Gefängnis", sagt er mit einem häßlichen Lachen. Und dann hält er mir eine große Rede. „Es waren ja schöne Jugendtage, die ich im Weigle-Haus erlebt habe. Aber wissen Sie, für das harte Leben ist das nichts, dies ganze Christentum." Und dann fängt er richtig an zu heulen. „Es ist ja schade, daß es so ist! Aber Sie kennen ja das Leben nicht. Sie als Pfarrer können ja gar nicht mitreden."

Ich habe ein langes Gespräch mit ihm und bitte ihn, am Abend in unsere Bibelstunde zu kommen. Er verspricht es mir. Aber am Abend ist er nicht da. Das große Ruhrgebiet hat ihn wieder verschlungen.

Die Adventreise

Oh, wie lange ist das jetzt her! Den ersten Weltkrieg haben wir ja über all den späteren aufregenden Erlebnissen ganz vergessen. Doch bei uns, die wir den „Schlamassel" mitgemacht haben, tauchen je und dann Erinnerungen auf.

Ich war damals ein junger Unteroffizier in einer Batterie. Die meiste Zeit lag ich vorn im Graben auf der Beobachtung. Da stank es nach Leichen. Es regnete unaufhörlich. Jeden Tag gab es die übliche Anzahl Tote. Wir waren zu stumpfsinnigen Wühlmäusen geworden, die nichts weiter dachten als dies: ob das armselige Futter wohl an diesem Tag ankommt (es war die Zeit der Steckrüben!) und ob man wohl den Abend noch erleben wird?

Aber nun ging's auf Weihnachten zu. Da tauchte in der Erinnerung immer wieder die fast vergessene Heimat auf. Das gab es also irgendwo noch: warme Stuben und weiche Betten und strahlende Weihnachtszimmer und Singen und richtiges, menschliches Leben. Und Vater und Mutter und ...

„Huuuiii! Huuuiii!" da kam ein Feuerüberfall. Man drückte sich in die lehmige Grabenwand. Die zauberhaften Bilder waren vergessen...

Und dann hieß es eines Tages: „Unteroffizier Busch soll in die Schreibstube kommen!" Als der Abend da war, trottete ich stumpfsinnig durch die feuchte Nacht nach hinten – leise schimpfend über die „Schreibstubenhengste", die uns bei solch einem Dreck wegen irgendeiner Lappalie durch die Nacht hetzten.

Spät in der Nacht bin ich am Ziel und laufe dem Wachtmeister in die Finger: „Warum kommen Sie so spät?" schnauzt er mich an. „Morgen in der Frühe melden Sie sich beim Regiment!"

Nun, da war's am besten, ich trottete gleich weiter durch den endlosen Regen. Was mochten die im Regimentsstab von mir wollen? Hatte ich irgendwas „versiebt"?

Ein dunkles Barackenlager. Ein einsamer Posten weist mir ein Lager. Ich schlafe gleich ein, obwohl ich nur ein paar Bretter unter mir habe. Mir ist, als hätte ich kaum die Augen zugemacht – da rüttelt mich einer: „Los! Zum Kommandeur!"

Ich finde keine Zeit mehr, mich ein wenig herzurichten. Ich kann nur – so nannten wir das – die Stirn runzeln, daß der Dreck abfällt. Dann stehe ich vor dem Gewaltigen, der sauber, gepflegt, lächelnd auf die schmutzige Wühlmaus schaut. ‚Jetzt fehlt bloß noch, daß er mich wegen meiner unvorschriftsmäßigen Erscheinung anbrüllt', denke ich. Da legt er los, mit unwahrscheinlich guter Laune: „Busch! Sie kommen nach Hause zum Offizierskurs. Beginnt am 3. Januar! Sie fahren sofort los! Verstanden?!"

Natürlich habe ich verstanden. Ich möchte vor Freude schreien, brüllen. Aber – heute ist doch – ja, der wievielte? Höchstens der 20. Dezember! Wir haben keinen Kalender im Graben. Da hängt einer an der Wand! Ja, heute ist erst der 20. Warum soll ich gleich losfahren? Ich brauche doch nicht 13 Tage für die Reise –

Da fährt dieser Gewaltige – oh, er kam mir vor wie ein Engel Gottes! – da fährt er fort: „Fahren Sie gleich los. Und die Tage bis zum 3. Januar machen Sie Weihnachtsurlaub! Abtreten!"

Ich denke, der Himmel fällt über mich: Weihnachten zu Hause!?! Nicht in dem dreckigen Lehm! Weihnachtsbaum... Vater!... Mutter!... Geschwister!... Bett!... O du fröhliche...

Und dann sitze ich in einem Zug. Die Wagen klappern. Irgendwo endloser Aufenthalt. Es ist stockdunkel. Wir sitzen nicht, wir stehen nicht. Wir sind aufeinanderge-

preßt wie Sardinen in einer Büchse. Da geht ein Schimpfen los. Ich kann nur lachen – singen: „O du fröhliche"...
Es geht nach Hause –

Ich erinnere mich, daß es eine fürchterliche Reise war. Zwei Tage war ich unterwegs. Der Magen brüllte vor Hunger. Die Ohren taten mir weh von dem Geschimpfe in den dunklen Zügen, die durch die Nacht schlichen. Aber das Herz sang und jubelte, tanzte und schrie vor Freude: „Es geht nach Hause!"

Meine Mutter trat ahnungslos gerade aus der Haustür, als ich – unwahrscheinlich verdreckt und unrasiert – ankam. Sie wurde bleich. Sie mußte sich an die Wand lehnen. Dann fielen wir uns in die Arme. „O du fröhliche, so du selige, gnadenbringende Weihnachtszeit..."

Kurz darauf umgab mich das Freudengeschrei meiner zahlreichen Geschwister –

Ist unser Christenleben nicht manchmal auch so eine mühselige Fahrt nach Hause? Nehmen wir es nicht so schwer! Es geht nach Hause – nach dem ewigen Vaterhaus, wo ich...

„...in ewger Weihnachtswonne
schauen darf der Sonnen Sonne
mit verkläretem Gesicht:
Jesu Christ, dein reines Licht."

Weihnachtsfeiern eines Deutschen

Nein, ein Tagebuch habe ich nie geführt. Aber die vergangenen Jahre sind in meiner Erinnerung so lebendig, als wenn ich alles aufgezeichnet hätte.

So will ich nun heute ein wenig in dem „Tagebuch der Erinnerungen" blättern.

Weihnachten 1930

Die Kinder sind zu Bett gebracht. Meine Frau räumt im Weihnachtszimmer auf und steckt neue Kerzen auf den schönen Weihnachtsbaum. Wir haben diesmal eine wundervolle Tanne bekommen. Ich habe sie mit viel Liebe geschmückt und mir dabei Gedanken über meine Weihnachtspredigt gemacht. Was ist das doch für eine gewaltige Botschaft, die ich morgen früh verkünden darf: Gott hat die Mauer, die uns von Ihm trennte, umgeworfen und ist zu uns gekommen in Jesus.

Es war zu schön heute abend, wie meine Kinder die lieblichen Weihnachtslieder sangen und dabei im dunklen Zimmer herummarschierten, während nebenan im Weihnachtszimmer die Mutter die Kerzen am Baum ansteckte. Endlich öffnete sich die Tür. Der Glanz der Kerzen bestrahlte die Kindergesichter. Und dann ging es mit Jubelgeschrei über die Geschenke her. Der Junge kennt ja nur seine Musik. Mit Begeisterung probiert er die neuen Noten gleich am Klavier aus. Die Kleinen vergnügen sich an der Puppenküche. Und die größeren Töchter verschwinden immer wieder, um das neue Kleid oder den neuen Pullover anzuziehen...

Ja, wir sind glückliche Leute –

Weihnachten 1937

Diesmal habe ich den Baum nicht geschmückt. Ich habe es meiner Tochter Hanna überlassen. Sie hat es fein gemacht. Und nun sitze ich im Sessel, schaue in das Kerzengeflimmer und freue mich an der Freude der Kinder. Sie sind so glücklich an ihren Geschenken. Die Mädels haben jede eine Blockflöte bekommen. Und nun wollen sie ein wenig musizieren. Der große Bruder hat sich an das Klavier gesetzt. Die Schwestern stehen um ihn herum. Jetzt sind sie sich einig geworden, was gespielt werden soll. Wie schön erklingt das alte Weihnachtslied

50

von Tazler: „Es kommt ein Schiff, geladen…" Die Jüngste allerdings ist an der Musik uninteressiert. Mit unendlicher Liebe widmet sie sich ihrer neuen Puppe.

Ich kann die Erinnerung nicht loswerden. Erst vor kurzem bin ich aus dem Gefängnis entlassen worden. Immer wieder sehe ich mich in der engen, scheußlichen Zelle. Alles war qualvoll: das schlechte Essen, die dumpfe Luft, der rohe Umgangston. Aber am schlimmsten war doch die fürchterliche Ungewißheit. Es war ja nicht so, daß ich etwas Schlimmes getan hätte. Aber ein Jugendpfarrer ist im Hitlerreich unerwünscht, und da wird er eben eingesperrt unter einem fadenscheinigen Grund. Es wird kein Verfahren eröffnet. Man sitzt in der düsteren Zelle und ist in der Menschen Hände gegeben. Man sitzt und wartet … wartet …

Jetzt spielen die Kinder mit Blockflöten und Klavier: „Freuet euch, ihr Christen alle, / freue sich, wer immer kann; / Gott hat viel an uns getan …"

Ich muß mitsingen – aus Herzensgrund. Ja, ich kann mich freuen. Ganz neu habe ich es im Gefängnis gelernt, als da der lebendige Herr, der einst von den Toten auferstanden ist, in meine schreckliche Zelle kam. Ja, wirklich, so war es: Er kam zu mir. Und ich erlebte das, was ein altes Lied sagt: „Als mir das Reich genommen, / da Fried und Freude lacht, / da bist du, mein Heil, kommen / und hast mich froh gemacht."

Meine Jüngste strahlt mich an: „Papa, freust du dich?" „Ja, mein Kind, ich freue mich gewaltig!"

Weihnachten 1943

Wieder sind wir unter dem Weihnachtsbaum versammelt. Es war diesmal sehr schwierig, Kerzen zu bekommen: denn es ist Krieg, und alles ist knapp geworden.

Und der Gesang will auch nicht so recht klingen. Es fehlt unser Klavierspieler, der in den vergangenen Jahren unser Singen so herrlich begleitet hat, unser Junge.

Sie haben ihn zum Soldaten gemacht. Und nun ist er irgendwo in Rußland. Immer wieder will das Herz sich aufbäumen: Was hat dieser zarte Junge von 18 Jahren mit diesem ungerechten Krieg zu tun? Nun soll er kämpfen für einen Staat, der seinen Vater ins Gefängnis gebracht hat.

Ich bin froh, daß die Kinder sich unbeschwert freuen können. Aber wenn ich meine Frau ansehe, dann weiß ich, daß das Mutterherz den fernen Sohn sucht.

Wie viele werden heute abend wohl so bedrückt sein? Und es ist ja nicht nur der Sohn. Wir fühlen deutlich, daß wir großen Katastrophen entgegengehen. Wie soll dieser fürchterliche Krieg ausgehen? Der Haß der Welt hat sich um uns Deutsche aufgebaut wie eine grauenvolle Mauer. Und morgen kommt vielleicht wieder der Beamte der Geheimen Staatspolizei, um mich fortzuholen in eins der düsteren Gefängnisse. Wer kann denn da Weihnachten feiern?

„Papa! Laß uns doch ein wenig singen!" sagt das kleinste Töchterlein. Und dann singen wir: „Welt ging verloren, / Christ ward geboren: / Freue, freue dich, o Christenheit!" Wie bekommt solch ein Lied einen ganz neuen Klang! Ja, wir haben einen Heiland. Das verkündet uns Weihnachten. Wir wollen uns freuen. Wir haben Grund genug! Wir haben einen Heiland!

Kurz nach Weihnachten kam ein Brief aus Rußland. Da berichtet der Junge, wie er am Weihnachtsmorgen in einer russischen Stadt in einem verwüsteten Haus ein Klavier gefunden hat. Und da hat er die Weihnachtslieder gesungen und gespielt – ganz allein. Und er schrieb: „Mir wurde klar: Das ist die Lage der Christen heute – mitten im Chaos singen wir das Lob des Sohnes Gottes, der uns an Weihnachten geschenkt wurde. Mit Freuden habe ich dann ganz still die Geschichte von der Geburt Jesu gelesen, wie sie im Lukas-Evangelium steht." So schrieb er.

Wenige Tage später kam die Nachricht, daß er in einem Lazarett verblutet ist ...

Weihnachten 1944

Es ist, als wolle die Welt untergehen. Der Krieg geht seinem schaurigen Ende entgegen. Unser liebes Pfarrhaus ist zerbombt und verbrannt. Wir haben eine neue Wohnung gefunden. Es sind zwar keine Pfannen mehr auf dem Dach. Und anstelle der Fensterscheiben haben wir einen Werkstoff, der bei jedem neuen Angriff davonfliegt; dann wird notdürftig wieder repariert. Ich habe ja viel Zeit. Die meisten Menschen sind aus dem Ruhrgebiet geflüchtet. Ich halte jeden Tag in irgendeinem Keller eine Bibelstunde.

Ja, so ist es: Gerade jetzt zeigt das Evangelium seinen Glanz. Je dunkler die Nacht, desto heller leuchten die Sterne. So ist es mit dem Evangelium. Darum wollen wir Weihnachten feiern – trotz aller Traurigkeit.

Ich habe sogar ein Bäumchen aufgetrieben. Einer der Fremdarbeiter, ein Pole, hat es mir verkauft. Die laufen jetzt schon fast frei herum. Sie merken, daß die Deutschen nicht mehr viel zu sagen haben. Er wird das Tännlein wohl irgendwo gestohlen haben. Gefragt habe ich ihn nicht.

Wir haben sogar ein paar Geschenke aufgebaut. Und die tüchtige Mutter hat einiges Festgebäck zustande gebracht. Es ist zwar hart wie Stein, aber es ist doch Festgebäck. So stehen wir um den Weihnachtsbaum und singen unsere lieben Lieder. Dann lese ich die Geschichte von der Geburt Jesu und danke mit den Meinen dem Herrn Jesus, daß Er gekommen ist in diese arge Welt, die Sünder zu erretten.

Gerade in dem Augenblick heulen die Sirenen los. Die Kinder packen das Luftschutzgepäck, das immer bereitliegt, und rennen zum Bunker, der fünf Minuten von unserem Haus entfernt ist. Langsam lösche ich die paar kümmerlichen Kerzen. Ob wir wohl in einer Stunde diese Wohnung noch vorfinden werden? Oder ob da nur ein Trümmerhaufen sein wird? Nun, was tut's! Der Herr Jesus, der an Weihnachten geboren wurde, hat uns eine unzerstörbare Heimat geschenkt am Herzen Gottes. Und so wandere ich dem Bunker zu und summe fröhlich ein Weihnachtslied.

Weihnachten 1958

Nun sind die Kinder groß. Einige von ihnen fehlen. Sie haben geheiratet und feiern in einer eigenen Familie das große Fest.

Ich sitze und schaue in den Kerzenschein des wundervollen Weihnachtsbaumes. Auf den Tischen türmen sich herrliche Geschenke. Wir sind ja nicht mehr arm. Und es ist fast beängstigend, wie die Liebe uns überschüttet mit Weihnachtsgaben.

Während ich in das Kerzengeflimmer schaue, überkommt mein Herz eine große Ruhe und Freude. Wir haben es gelernt, daß die Freude nicht aus den vergänglichen Dingen kommt. Sie muß andere Quellen haben. Und gerade das Weihnachtsfest zeigt ja die unerschöpfliche Quelle der ewigen Freude. Und mein Herz singt mit, als nun meine Familie den Vers anstimmt: „Siehe, siehe meine Seele, / wie dein Heiland kommt zu dir ..." Das ist es! Daran will ich mich freuen, solange ich lebe. Und wenn ich einst die Augen schließe, will ich ewige Weihnachten feiern im Anschauen meines Heilands.

Ohne Angst über die Bernina

„Wo fahren wir denn nun hin?" fragte meine Frau lachend, als wir Anfang Mai miteinander in die Ferien fuhren.

„Ich weiß es nicht!" erwiderte ich, während ich den Wagen durchs Gedränge auf die Autobahn bei Düsseldorf lenkte. „Ich werde schon einen ruhigen Platz finden, wo ich drei Wochen lang schweigen kann. Kein Wort reden! In stille Berge wandern! Ich sehne mich danach. Wir werden schon etwas finden –" So fuhren wir nach Süden. Und wir fanden, was wir suchten.

Wer kennt schon das Puschlav! Ein weites, herrliches Tal im Südzipfel der Schweiz, das von 2300 Metern sich herabzieht bis zur italienischen Grenze, wo es höchstens noch 500 Meter über Meereshöhe ist. Da hat man hinter sich den Julierpaß, vor sich die italienische Grenze. Und um sich herum die gewaltigen Berge, Felsen, Almen, Blumen und Stille.

Davon nun wollte ich allerdings nicht erzählen. Ich will berichten, wie ich in diesem Bergwinkel die Wirklichkeit der Gemeinde Jesu Christi köstlich erlebte.

Es war kurz vor dem Ende der Ferien. Eines Sonntags gingen wir in ein kleines Gasthaus zum Mittagessen. Am Nebentisch saß eine fröhliche Familie: Vater, Mutter, zwei Kinder und ein braungebrannter Mann, der wohl ein Freund war. Bald stellte sich heraus: Der Vater hatte mir vor kurzem geschrieben, ich möchte doch in Chur eine Evangelisation halten. Ich hatte geantwortet. Daraus war eine muntere Korrespondenz entstanden. Und ich hatte für Chur zugesagt.

Nun war natürlich die Freude groß. Wir setzten uns zusammen, besprachen unsere Pläne für die Evangelisation. Und dann kamen wir ins Plaudern und Erzählen. Ich erfuhr, daß der braungebrannte Freund sie am Morgen über den Julier- und den Bernina-Paß hierher gefahren hatte. Sie wollten einige Besuche machen. Und am Abend sollte es über beide Pässe zurückgehen.

Ich hielt meine Bewunderung nicht zurück. Ja, es rutschte mir das Geheime meines Herzens heraus: „Wissen Sie, ich muß ja auch über diese Pässe mit meinem

Wagen zurückfahren. Der Julier – ja, der ist einfach! Aber vor der Bernina-Straße habe ich Angst. Sie ist so schmal und wild." Ich erzählte: „In der vorigen Nacht habe ich geträumt, es hätten mitten in der wilden Landschaft die Bremsen versagt und ich wäre mit meinem Wagen hinabgerollt, über steile Hänge und Felsen ..." Die Männer lachten. Und ich lachte auch und erklärte: „Nun, ich bin den Paß hergekommen. Dann werde ich auch zurückkommen."

Die Frau aber sagte kein Wort. Vielleicht merkte sie mir an, daß mir im Gedanken an die Fahrt doch nicht ganz wohl war. Jedenfalls: Am Tag vor der Abreise kam eine Karte aus Chur. Darauf standen die lieblichsten Bibelworte für die Reise: „Er hat seinen Engeln befohlen über dir..." „Harre des Herrn, der wird dir helfen." Solche und ähnliche Sprüche hatte sie mir aufgeschrieben.

Am nächsten Tag fuhren wir ab. Es wurde eine herrliche Fahrt über die Paßhöhe, wo es noch schneite. Und dann kam die Sonne strahlend durch. Es war unbeschreiblich schön, und mein Herz und mein Mund sangen schallend Loblieder. Am Nachmittag kleiner Aufenthalt in Chur. Die Pässe lagen weit hinter mir. Als ich durch die Straße gehe, werde ich auf einmal gerufen: „Pfarrer Busch!" Ich fahre herum. Da steht diese Frau mit ihren Kindern vor mir. „O wie schön, daß wir uns noch einmal treffen!" sagte sie. „Ich wollte gerade in das Kaufhaus dort. Da sagte meine Tochter: Dort geht Pfarrer Busch. Und nun will ich Ihnen sagen: Gestern abend haben wir für die Evangelisation gebetet in unserem Kreis. Und", setzte sie leise hinzu, „wir haben auch gebetet dafür, daß Sie ohne Furcht über die Bernina fahren können."

Was ist es doch um die Gemeinde Jesu Christi, wo eins des andern Nöte, auch die kleinen und unwichtigen, teilt; und wo eins dem andern in lieblicher, hilfreicher Fürbitte beisteht!

„Ohne mich könnt ihr nichts tun"

An einem Montagmorgen fuhr ich fröhlich und guter
Dinge aus Essen, Richtung Schwarzwald. Im Zug nahm
ich noch einmal die Briefe zur Hand, die meine Reise
veranlaßt hatten. Ein eifriger Pfarrer schrieb, es seien in
seinem Ort so viele Kurgäste angemeldet. Da sei es doch
nützlich, wenn man für die eine Evangelisation veran-
staltete. Zwar sei die Kirche normalerweise am Sonntag
besetzt. Aber man habe zwei kleinere Säle vorgesehen,
um dorthin meine Vorträge zu übertragen. Auch wolle
man auf dem Kurplatz einen Lautsprecher aufstellen.
Und dann sei das Kurtheater frei. Auch dorthin habe man
eine Lautsprecheranlage montiert.

Man hat mich oft gefragt, ob es darauf ankomme, daß
viele Leute sich einfänden. Man müsse doch auch den
Mut zur kleinen Zahl haben. Ich habe immer geantwortet: Eine Evangelisation ist nun einmal der Versuch, Fern-
stehende zu erreichen. Und wenn das nicht gelingt, dann
ist das eben eine gescheiterte Offensive.

Guten Mutes fuhr ich durch die sommerliche Landschaft. Was mich erwartete, war ja sicher eine Evangelisation ohne große Schwierigkeiten. Gott sei Dank haben
wir Christen eine Botschaft, der wir uns nicht zu schä-
men brauchen. Und die Leute würden gewiß in Scharen
heranströmen. Kurgäste haben ja so unendlich viel Zeit.
Und dann würden aus der Umgebung viele Menschen
kommen, die die Zögernden mitzögen.

Und dann kam der erste Abend. Gewiß, die Kirche
hatte sich gefüllt. Aber von „Massen" war keine Rede.
Leer standen die angeschlossenen Säle. Leer das Kurtheater. Wenige nur standen draußen um den Lautsprecher.

Nein! Das war keine Offensive! Das war kein Vorstoß
in die Menge der Fernstehenden.

„Morgen wird es besser", trösteten wir uns gegenseitig,

der eifrige Pfarrer und ich. Aber am nächsten Tag sah es genauso aus. Da war es zu Ende mit dem guten Mut und der frohen Sicherheit.

Es gibt im Schwarzwald bei Wildbad einen stillen, sehr einsamen Weg. Den bin ich am nächsten Morgen Stunde um Stunde entlanggewandert – allein mit meinem Herrn. Da hat Er mich ganz und gar zerbrochen. Da hat Er mir gezeigt, daß wir unwürdige Werkzeuge sind. Da hat Er mir aufgedeckt, daß Er uns nicht nötig hat. Da hat Sein Geist mir eine Predigt gehalten über den Text: „Jesus spricht: Ohne mich könnt ihr nichts tun." Und da habe ich von neuem gelernt: „Meine Gedanken sind nicht eure Gedanken."

Ich deute das nur an; denn was der Herr mit einem Menschenherzen zu tun hat, ist letztlich ein Geheimnis zwischen Ihm und diesem Menschen. Getröstet und sehr still geworden, bin ich am Nachmittag zurückgekehrt. Nun sollte Er es machen, wie Er wollte. Wenn ich nur ein Werkzeug in Seiner Hand war!

Es ist unwichtig, daß wir an den beiden letzten Abenden die Säle und das Kurtheater doch noch brauchten; daß der Kurplatz vollstand mit Menschen, die gesammelt zuhörten. Entscheidend war für mich, daß wir immer neu lernen dürfen, in völliger Abhängigkeit von Ihm zu leben – wie Kinder, die nichts zu fordern haben und doch immer der Liebe ihres Vaters ganz gewiß sein dürfen.

Vom Predigerseminar zum Sommerlager

Kennen Sie Herborn? Ein entzückendes Städtchen im Dilltal! Die engen Gäßchen und die Schieferdächer! Der trauliche Marktplatz und die alten Giebelhäuser! Das lustige Flüßchen und die grünen Berge ringsum! Und dann das Schloß! Ohne das alte Schloß über der Stadt wäre Herborn nicht halb so hübsch.

In diesem Schloß habe ich ein halbes Jahr zugebracht. Dort ist nämlich das Prediger-Seminar der Nassauischen Kirche.

Es war eine wundervolle Zeit. Ich muß gestehen: Gearbeitet haben wir dort nicht sehr viel. Wir hatten den ersten Weltkrieg als Soldaten mitgemacht. Und dann kam das Studium bis zum Examen. Nun hatten wir Kandidaten das Gefühl: Nach all der Unruhe sind wir hier in diesem Schloß wie in einem stillen Hafen gelandet.

Wie oft lagen wir im Fenster und schauten in stiller Muße hinaus über die steilen Dächer in die liebliche Welt des Dilltals. Wie fern waren uns da die Schrecken des vergangenen Krieges, der Lärm der Großstädte und die Aufregungen theologischer Diskussionen! Die Vögel sangen, und die Käfer summten...

Einmal kam ein Mann von der Kirchenbehörde für drei Tage, um uns in die Geheimnisse einer Kirchenkasse und der Kirchenrechnungen einzuführen. Schon nach der ersten halben Stunde ging mir auf, daß ich davon nie etwas verstehen würde. Ich interessierte mich einfach nicht dafür. Ich wollte Pfarrer werden, um das herrliche Evangelium zu predigen. Ich wollte die Ungläubigen aufsuchen, Hausbesuche machen, Jugend sammeln und Bote des Königs sein. Aber ich war jung und trotzig. So suchte ich mir einen Platz ganz hinten im Vorlesungsraum und las Dostojewskis „Schuld und Sühne".

Es fiel nicht auf, und es ging alles gut – bis zum letzten Tag dieses Sonderkurses. Da fuhren wir in das Städtchen Sinn (wo die Firma Rincker so viele Kirchenglocken gegossen hat). Und dort sollte nun eine Prüfung der Kirchenkasse uns in die Praxis einführen.

„Herr Busch", sagte der liebe Mann, „wollen Sie mal das Kassenbuch vornehmen?" Ich wurde blaß. Keine

Ahnung hatte ich. Und dann faßte ich mir ein Herz und erklärte rundheraus: „Ich verstehe nichts von der Sache, habe auch nie aufgepaßt – und nun tun Sie mit mir, was Sie wollen."

Der Mann rang die Hände: „Herr Busch! Sie werden eines Tages in einer Kirchengemeinde für die Kasse verantwortlich sein. Was wollen Sie dann machen?"

Und da kam es mir wie von selbst auf die Lippen: „Das gehört bei mir zum Glauben, daß mein himmlischer Vater mich nicht in Aufgaben stellt, denen ich doch nie gewachsen bin. Es gehört zu meinem Glauben, daß Er mir immer einen tüchtigen Kirchmeister geben wird."

Der liebe Mann schüttelte bedenklich den Kopf und sagte nichts mehr. Aber wenn ich heute zurückdenke, dann kann ich mir seine nicht gehaltene Rede vorstellen. Darin hieße es so: „Sie haben noch nicht viel Ahnung von Gottes Führung. Es gefällt Ihm oft, daß Er Menschen ganz gegen ihren Willen und gegen ihre Begabung gebraucht. Er zwingt Seine Leute oft, Aufgaben zu übernehmen, die ihnen natürlicherweise gar nicht liegen."

Er hat diese Rede nicht gehalten, obwohl es eine sehr richtige und gute Rede gewesen wäre. Sicher hat er gedacht: Der junge Mann wird es schon lernen, wenn Gott ihn liebhat. Und ich habe es lernen müssen, daß Tersteegen recht hat: „Geht's der Natur entgegen, / so geht's gerad und fein ..."

Allerdings – Gottes Güte war immer so groß, daß ich mich tatsächlich nie mit Kirchenrechnungen quälen mußte. Mein jugendlicher Glaube wurde nicht zuschanden: Wohin ich auch kam – es waren immer sehr tüchtige Kaufleute und Kirchmeister da, die mir halfen.

Ja, mein himmlischer Vater war immer sehr gut zu mir.

Abschiedsgeschenke

Erfurt Hauptbahnhof!

Es war ein rechtes Gedränge um den Interzonenzug. Und inmitten dieses Gewühles stand ich mit meinen Freunden, mit denen mich fünf unsagbar reiche Tage unerhört verbunden hatten. Diese Evangelisationsabende in der überfüllten Lutherkirche werden mir lange im Gedächtnis bleiben.

Wie das nun so beim Abschied ist – wir hätten uns so viel zu sagen gehabt, und weil man das in den paar Minuten gar nicht sagen konnte, sagte man gar nichts und stand etwas verlegen umher.

Da drängten sich durch die Menschenscharen auf einmal drei Jungen, so im Alter zwischen 14 und 16. Der älteste von ihnen hielt einen Tulpenstrauß in der Hand. In den Armen einer Prominenten sieht so ein Blumenstrauß dekorativ aus. Aber in der Hand eines Sechzehnjährigen wirkt er – na, sagen wir: auffallend.

Und nun bauten sich die drei vor mir auf. Der älteste hielt eine kleine Rede, in der er im Namen der Jungen Gemeinde dankte. Und dann drückte er mir die Blumen in die Hand. Ich war tief bewegt. Ich habe mein Leben lang mit Jungen zu tun gehabt und weiß, was es bedeutet, wenn sie ihr Taschengeld zusammenkratzen und einen Blumenstrauß kaufen. Es war eine ganz große Liebe hinter diesem Geschenk.

In dem Augenblick riefen die Schaffner: „Einsteigen!" Ich wühlte mich in die überfüllten Waggons. Und der Zug fuhr ab, während ich krampfhaft meinen Tulpenstrauß in der Hand hielt. Ich habe ihn tatsächlich bis nach Essen gebracht, und er hat noch drei Tage auf meinem Schreibtisch geblüht.

Und als er verblüht war und abgeräumt wurde, blieb noch ein anderes Abschiedsgeschenk auf dem Schreibtisch stehen. Das steht heute noch da. Es stammt von einem zehnjährigen Jungen. Wie hat mir dieser junge Kerl Freude gemacht, wenn er aus dem Gemeindesaal und aus dem Pfarrhaus die letzten Stühle herbeischleppte, damit die Leute in der überfüllten Kirche noch Platz fanden. Und dann nahm er seine alte Wolldecke, die er an den Evangelisationsabenden immer mit sich herumschleppte, breitete sie auf dem kalten Steinboden des Altarraums, auf dem eigentlich auch kein Platz mehr war, in irgendeiner Ecke aus, setzte sich drauf und hörte mir atemlos zu. Als ich mich von meinen Freunden verabschiedete, stand er vor mir, hielt ein Zeichenblatt in der Hand und sagte: „Das wollte ich Ihnen schenken." Auf dem Blatt stand unten: „Der Herr ist mein Hirte, mir wirt (!) nichts mangeln." Das Wort hatte ihm wohl Eindruck gemacht, als ich vom Guten Hirten sprach. Und nun hatte er in geradezu expressionistischer Manier den 23. Psalm mit seinen Pastellstiften gezeichnet. Im Vordergrund sieht man tiefblau das Wasser („Er führet mich zum frischen Wasser"), dahinter sieht man eine grüne Fläche („Er weidet mich auf einer grünen Aue"), und quer über das Ganze ist ein gebogener Hirtenstab gezeichnet, der durch einen Querstrich auf das Kreuz deutet. Sooft ich es ansehe, geht es mir durch den Sinn: „Unter seinem sanften Stab / geh ich aus und ein und hab / unaussprechlich süße Weide ..."

Oh, mein lieber Junge, möchtest du dein Leben lang unter diesem Hirtenstab bleiben!

Und sooft mein Blick auf dieses Bild fällt, höre ich die Predigt, die der Junge mir hält: „Was brauchen wir mehr als das frische Lebenswasser und die grüne Weide des Wortes Gottes. Was brauchen wir mehr als die Führung und den Hirtenstab dessen, der für uns am Kreuz hing!"

Eine Beerdigung

Ab und zu gibt es Beerdigungen, bei denen der Himmel offensteht und der Lebensgeruch des Evangeliums den Verwesungsgeruch des Grabes besiegt.

Von solch einer Beerdigung will ich erzählen.

Es wurde ein pensionierter Rektor begraben in einem Dorf, das eine Stunde von der Bahnlinie entfernt liegt. Kein Wunder, daß höchstens die kleine Lokalpresse von dieser Sache Notiz nahm. Wer aber die vielen, vielen Leute sah, die von nah und fern zusammengekommen waren, der mußte merken, daß etwas Besonderes geschah.

Der Bürgermeister sagte am Grabe: „Unser Dorf kennt man weithin – aber nur wegen seines Schulhauses." Da hatte er recht. Das Dorf heißt Hülben und liegt auf der Schwäbischen Alb. In dem alten Schulhaus haben länger als zwei Jahrhunderte die Kullens als Lehrer gewirkt. Der Sohn folgte immer dem Vater in diesem Amte.

Und zwar nicht nur als Lehrer, sondern auch als Haupt der altpietistischen Gemeinschaft. So ist das Schulhaus in Hülben allmählich zu einem geistlichen Zentrum geworden. „Brüder" aus aller Welt sind hier eingekehrt: Bauern und der Reichskanzler Michaelis, CVJM'ler und Professor Schlatter, Studenten aus Tübingen und im schlichten Gewand der russische Graf Zaremba ... Was ist alles durch dies „alte Schulhaus" in Hülben gegangen! Viele von meinen Lesern werden jetzt sagen: „Ich war auch dabei!"

Nun war der letzte Lehrer dieses Stammes heimgegangen: Albrecht Kullen. Ein wundervoller Mann! Der Rektor der Schule sagte am Grabe: „Er hat Tausende von Schülern in seine Schule aufgenommen. Aber entlassen hat er keinen. Er kannte sie alle, er liebte sie und sie ihn – auch wenn er manchem von ihnen erklärte: Ihr g'höret verschosse!"

Das hatte seinen Grund. Dieser Mann hing bis zu seinem Tode an der Monarchie der Hohenzollern. Groß prangte in der Stube ein Bild vom letzten Kaiser. Und das hat er den „Roten" (die in Hülben immer mehr zur KPD als zur SPD neigen) nie vergessen, daß sie den Thron gestürzt haben. So haben sie sich rechtschaffen und gut schwäbisch die Meinung gesagt: der alte Rektor und seine ehemaligen Schüler.

Aber als die Nachricht von seinem Heimgang durch das Dorf lief, kam der Leiter des „roten" Gesangvereins – so sagt man einfach dort oben auf der „Rauhen Alb" – zu dem Sohn und fragte: „Dürfen wir auch mitgehen bei der Leich'?" – „Natürlich!" – „Dürfen wir auch unsere Fahne mitbringen?" – „Klar!" – „Dürfen wir auch singen: Stumm ruht der Sänger ...?" (Der Rektor war nämlich ein großer Sänger vor dem Herrn.) Auch das wurde zugestanden. Man hat dort oben – Gott sei Dank – keine Hemmungen in liturgischer Hinsicht. Man sah hier nur, wie unter allem politischen Streit eine ganz große Liebe lebte.

„Dürfen wir auch am Trauerhaus singen?" – „Selbstverständlich!" Es war einer der Höhepunkte dieses Tages: Der Sarg war auf den mit vier Rappen bespannten Wagen gestellt worden. Schweigend stand die große Volksmenge. Da zog der „rote" Gesangverein mit der Fahne heran. Und er sang: „Mein Glaub ist meines Lebens Ruh / und führt mich deinem Himmel zu, / o du, an den ich glaube... Gelobt sei Gott! Ich bin ein Christ, / und seine Gnad und Wahrheit ist / an mir nicht vergebens ..."

Es war erschütternd, wie diese rauhen Männer – mit Tränen in den Augen – ihrem lieben Rektor gerade dieses Lied sangen. Die Gnade ist stärker als politische Zertrennung.

Dann zog ein endloser Leichenzug durchs Dorf auf den stillen Friedhof. Weit geht von hier der Blick über die verschneiten Berghöhen. Aber mächtig rief uns das Wort des Pfarrers – die Beerdigung hielt der Karlsruher Diakonissenpfarrer A. Schäfer, ein Neffe des Entschlafenen – zur Sammlung unter das Wort.

Wir waren alle, alle voll Trauer, daß mit dem Heimgegangenen etwas ein Ende fand, was durch Jahrhunderte geleuchtet hatte. Aber heller leuchtete in dieser Stunde Jesus. Und wir wurden voll Freude, daß dieses Licht in alle Ewigkeit nie erlischt.

Das verschmähte Frühstück

Die Propeller begannen zu rasen, – die Maschine brauste über das Rollfeld, – ein kleiner Ruck – und schon schwebten wir über dem Steinmeer Berlin.

Ich löste den Anschnallgurt, den man beim Start festmachen muß, und lehnte mich behaglich in den bequemen Sessel zurück. Es ging wieder nach Hause. Die Evangelisationsreise in der DDR war zu Ende!

An meinem Geist zogen die Bilder der vergangenen Woche vorüber: die wundervolle riesige Marktkirche in Halle, erfüllt von vielen, vielen Menschen, die in atemloser Stille dem Evangelium zuhörten; – die Autofahrt durch das Braunkohlengebiet von Halle nach Leipzig; – der aufgeregte Ordner vor der Nathanaelkirche, der mir immer wieder versicherte: „Sie kommen hier nicht mehr rein! Es ist alles besetzt!", und seine Freude, als er erfuhr, daß er mich schon reinlassen müsse, weil ich der Redner sei; – die Bibelstunden im Saal der Stadtmission in Halle, wo Alte und Junge am Heiland froh wurden; – das Mütterchen, das mir zum Abschied ein Glas mit eingemachten Pflaumen aufdrängte; – das Zusammensein mit dem Studentenpfarrer Hamel, der nach fünf Monaten Gefängnis als fröhlicher und gesegneter Mann ungebro-

chen vor mir saß... Bilder! Bilder! – Schließlich die auf-
regende Fahrt durch die Nacht bis Berlin-West zum Tem-
pelhofer Feld. Ja, ich hatte kaum geschlafen diese Nacht.
Und weil man bekanntlich den Schlaf durch Essen erset-
zen kann, war ich nun rechtschaffen hungrig.

Und siehe, da kam auch schon die Stewardeß. Mit
einem Griff hatte sie einen kleinen Klapptisch herabge-
lassen. Und dann stand ein Tablett vor mir, bei dessen
Anblick mir das Wasser im Munde zusammenlief: Schin-
ken und Eier und Kaffee und Kuchen und Obst!

Neben mir saß ein älterer Herr und schlief. Die Stewardeß tippte ihn leicht an: „Ihr Frühstück!" Da wurde
er aber ärgerlich. Er knurrte etwas Verdrießliches und –
schlief weiter.

Nun, das sollte mich nicht stören! Bei dem alten griechischen Dichter Homer heißt es: „Und sie erhoben die
Hände zum lecker bereiteten Mahle..." So machte ich es
auch. Es schmeckte herrlich.

Und es ging der Heimat zu! Unter uns flogen Wolken-
fetzen. In fast 3000 Meter Tiefe zogen Dörfer und Flüsse
und Felder und Eisenbahnen vorbei.

Neben mir aber saß der Mann und schlief. Als die
Leuchtschrift aufflammte: „Bitte anschnallen!" – als die
Maschine tiefer und tiefer sackte – da stand sein Früh-
stück immer noch unberührt vor ihm.

Die Maschine setzte auf, rollte langsam aus. Wir rüste-
ten uns zum Aussteigen. Da wachte er auf. Das Klapp-
tischchen hinderte ihn am Aufstehen. Er winkte ärgerlich
– die Stewardeß erschien und nahm das volle Tablett
wieder mit.

Dann stiegen wir aus. Ich mußte an das verschmähte
Frühstück denken. Vor meinem Geist standen hungrige
Gesichter, die mir begegnet waren. Wenn ich denen
solch ein Tablett hinstellen könnte –!

Und dieser satte Kerl! Richtig ärgerlich war ich auf ihn.
Und dann erschrak ich: Bin ich nicht oft ihm gleich? Da

66

stellt uns Gott in Seinem Wort das wundervolle Lebensbrot vor die Nase. Alles ist darin: Leben und Seligkeit,
Kraft und Trost, Freude die Fülle und Hilfe für den Alltag. Aber – wie oft ist mein Herz satt und schläft, anstatt
zuzugreifen!

„O Herr!" mußte ich bitten, „mache mich doch allezeit
recht heißhungrig nach dem Lebensbrot!"

Geheime Zusammenhänge

Eine wundervolle und reiche Evangelisationswoche in
der DDR hatte ich zu Ende geführt. An einem Vormittag
hatten wir sogar die Zeit gefunden, manche interessante
und schöne Stätte in der Stadt Erfurt, die ich bei dieser
Gelegenheit zum erstenmal besuchte, kennenzulernen.
Doch zum Interessantesten waren wir nicht gekommen;
zum Besuch des Augustinerklosters, in dem Luther als
Mönch sich gequält hat um die Gerechtigkeit, die vor
Gott gilt.

Am letzten Morgen aber sagte mein Gastgeber: „Wir
haben bis zur Abfahrt Ihres Zuges eine Stunde Zeit. Da
könnten wir noch ins Augustinerkloster gehen."

Das wurde für mich zu einer unvergeßlichen Stunde.
Wir gingen durch den herrlichen Kreuzgang, durch den
die Mönche jede Nacht dreimal schweigend und betend
zogen. In der kahlen Lutherzelle empfand ich etwas von
dem Schrecken, den Luther vor dem Zorn Gottes hatte,
bis ihm im Kreuz Jesu das Licht der Gnade aufging.

Mit Interesse beschaute ich das Gästehaus, in dem
heute junge Zeugen des Evangeliums ausgebildet werden. Hier ist Luthers Vater, der inzwischen reich geworden war, mit 30 Pferden und einem großen Gefolge eingekehrt zu der Primiz seines Sohnes (Primiz ist die erste
Messe, die ein junger Priester hält).

Am meisten beeindruckt aber war ich von der Augustinerkirche. Hier ging mir etwas auf, was ich bisher nicht gewußt hatte. Der Küster, der meine Versammlungen auch besucht hatte, zeigte mir mit großer Liebe alles, was zu zeigen war. So blieb er vor dem Altar der Augustinerkirche stehen und sagte: „Hier vor diesem Altar hat Luther sein Mönchsgelübte abgelegt. Und die Nacht vorher hat er in Kreuzform mit ausgebreiteten Armen auf dem kalten Steinboden vor diesem Altar gelegen." Einen Augenblick war es ganz still, obwohl wir eine größere Gesellschaft waren. Ich versuchte zu ermessen, was in diesen Nachtstunden wohl durch die Seele des jungen Mönches gegangen war an Angst, Not und eigenen Entschlüssen, die doch keine Gerechtigkeit vor Gott schenken.

Aber dann unterbrach der Küster die Stille. Er zeigte auf die Stelle vor dem Altar und sagte: „Hier ist ein Grabmal. Es ist schon sehr abgetreten, aber Sie können es deutlich erkennen." Und dann sahen wir einen großen flachen Grabstein, auf dem das lebensgroße Bild eines Abtes eingehauen war. „Hier vor dem Altar ist der Abt Zacharias begraben", erklärte der Küster. Und dann fiel mein Gastgeber, ein Pfarrer aus Erfurt, ein: „Dieser Abt Zacharias war ein bekannter und bedeutender Mann. Hundert Jahre vor Luther hat er auf dem Konzil in Konstanz die Anklagerede gegen Johannes Hus gehalten. Und auf Grund dieser Anklagerede wurde Hus als Ketzer verbrannt, obwohl man ihm freies Geleit zugesagt hatte."

Für einen Augenblick verschwanden vor meinem Geiste die Mauern und die leuchtenden Glasfenster der Augustinerkirche. Ich sah den Holzstoß, auf dem man den Vorreformator Hus umgebracht hat. Ich habe einmal gelesen, daß Hus zu deutsch „Gans" heißt und daß Hus sterbend gesagt hat: „Jetzt verbrennt ihr nur eine Gans.

Aber aus der Asche wird ein Schwan aufsteigen, der wird das Lied der Bibel gewaltiger und besser singen als ich." Man hat dies Wort immer als ein prophetisches Wort auf Luther gedeutet.

Und auf einmal sah ich die geheimen Fäden. Über dem Grabmal dessen, der Hus zum Tode verdammt hat, lag eine lange Nacht hindurch der Mönch, der der Schwan werden sollte, der das Evangelium laut und herrlich singt. Es scheint mir, als sei das eine kleine Illustration zu dem Psalmwort: „Der im Himmel sitzt, lacht ihrer."

Der Marokkaner

Lachen mußte ich vor Freude, als ich aus dem Wagen stieg. Herrlicher Sonnenschein lag in dem breiten grünen Schweizer Tal. Um die freundlichen Gebäude der Rämismühle wimmelte junges Volk. Und dort drüben auf der grünen Wiese stand ein riesiges Zelt der Europamission.

Und nun erklangen von dort Posaunenchöre. Von allen Seiten strömte das junge Volk zum Zelt. Es war ein wundervolles Bild.

So also sah die Allianz-Jugendversammlung aus, die alljährlich in der Rämismühle gehalten wird. Ich hatte schon so manches Schöne über diese Tagung gehört. Und nun war ich glücklich, daß ich einmal teilnehmen durfte.

Dann stand ich auf dem Podium. Wie schön war es, diesen Hunderten von jungen Menschen die frohe Botschaft von Jesus zu sagen! Allerdings – ich war von der langen Reise etwas erschöpft. Und überhaupt – mein Hauptvortrag sollte ja erst morgen drankommen. So machte ich bald Schluß mit meiner Rede und freute mich, den anderen Brüdern zuzuhören, die jetzt das Wort ergriffen.

Kein Wunder, daß ich einen kleinen Schreck bekam, als der Leiter der Versammlung erklärte: „So! Nun wird Pfarrer Busch noch ein kurzes Wort zum Schluß sagen." Damit hatte ich nicht gerechnet. Was sollte ich sagen? Es war ja so viel Schönes über Jesus gesagt worden, daß mir eine weitere Rede überflüssig vorkam. Aber nun war ich aufgefordert. Also – hinauf aufs Podium!

Während die große Versammlung fröhlich ein Lied sang, überlegte ich. Und dann fiel mir die schöne Geschichte von dem jungen Marokkaner ein. Ja, die mußte ich dem jungen Volk erzählen. Ich habe sie nicht selber erlebt. Sie ist mir erzählt worden von Teilnehmern an jener bedeutsamen Freizeit der Studentenmission (SMD), bei der eine ganze Reihe von Studenten und Studentinnen zum Glauben kam.

Es muß eine herrliche Freizeit gewesen sein. Ich habe mir genau berichten lassen über das fröhliche Treiben, über die stillen Nachtgespräche und das starke Wirken des Heiligen Geistes.

Aber das schönste Erlebnis auf jener Freizeit war wohl die Sache mit dem jungen Marokkaner. Den hatte irgend jemand eingeladen. Und weil er in Deutschland keinen Menschen hatte, war er in diese Freizeit geraten. Es war zuerst etwas schwierig mit ihm. Denn er war Mohammedaner. Und zudem konnte er kein Wort deutsch verstehen. Er konnte nur französisch sprechen. So saß er bei den Vorträgen und Referaten, ohne ein Wort zu begreifen. Das tat den jungen Leuten leid. Und so nahmen sich ein paar um ihn an und lasen in den Freistunden mit ihm das französische Neue Testament.

Über diesem Lesen der Bibel kam er zum Glauben. Es gab ein großes Erstaunen, als er sich eines Tages meldete und erklärte, er gehöre jetzt dem Herrn Jesus, und man möge ihn doch taufen.

Da war nun ein Professor der Theologie unter den Versammelten. Der nahm den jungen Mann beiseite und erklärte ihm, daß das nicht so schnell ginge. Er müsse zuerst einen regelrechten Unterricht erhalten. Und es seien auch noch andere Formalitäten zu erfüllen.

Der Marokkaner schien das einzusehen.

Aber am nächsten Tage erschien er mit der aufgeschlagenen Bibel. Aus Apostelgeschichte 8 las er die Geschichte vom Kämmerer aus dem Mohrenland vor. Und dann erklärte er: „Dieser Mann, der wie ich aus Afrika stammte, hat nicht einmal eine mehrtägige Freizeit mitgemacht. Er wurde nur ein paar Stunden lang von Philippus unterrichtet. ‚Als sie kamen an ein Wasser, sagte er: Was hindert's, daß ich mich taufen lasse?‘ Darauf hat Philippus ihn getauft. So war das in der ersten Christenheit! Seit wann sind die Christen so sehr von der biblischen Linie abgewichen, daß sie einem Manne, der von Herzen an Jesus als den Sohn Gottes glaubt, die Taufe verweigern?"

Nun, dagegen war wirklich nichts mehr einzuwenden. Und der Professor hat die Taufe vorgenommen.

Als eine Studentin mir davon erzählte, war es mir, als dürfe ich jene herzbewegliche Stunde miterleben, wo dieser Mohammedaner im Kreis seiner Mitstudenten ein helles Zeugnis ablegte und die Taufe empfing. „Sein Angesicht strahlte, als er das Bekenntnis zu seinem Erlöser ablegte", wurde mir erzählt...

Ich stand auf dem Podium in dem großen Zelt und erzählte diese schöne Geschichte.

Dann war die Versammlung zu Ende. Ich beobachtete das junge Volk, das herausströmte, und freute mich des schönen Tages.

Da berührte mich jemand leise am Arm. Ein junger Schweizer zog einen jungen Mann, den ich bisher nicht beachtet hatte, hervor. Ich sah den an und – begriff: Dieser braune junge Mann war der Marokkaner, der mit innigem Vergnügen seine eigene Geschichte aus meinem Mund gehört hatte und nun lächelnd meine Hände festhielt.

Das war eine Freude! Schnell rannte ich an das Mikrofon und stellte dem Volke den jungen Christen vor. Die Hinausgehenden kehrten zurück. Alle wollten hören, was los sei. Und neben mir stand der junge Fremdling aus dem fernen Erdteil und schaute beglückt auf die jungen Menschen, die ihm „Brüder" und „Schwestern" geworden waren. Und sein Angesicht glänzte – ja, so muß es wohl geglänzt haben damals, als er getauft wurde.

Hier also predigte Paulus!

Wundervoll! Ein Verlag hat Geld geschickt!

Nun kann ich mir einen Wunsch erfüllen, den ich seit Jahrzehnten gehabt habe: Ich reise nach Griechenland.

Ich sehe mich wieder in der Schulstube sitzen im Lessing-Gymnasium zu Frankfurt am Main. Der Studienrat erzählt vom klassischen Hellas: wie die Schiffe auf dem blauen Mittelmeer sich dem Hafen Athens nähern, dem Piräus. Ich sehe im Geist die weißen Segel. Und ich höre das stolze Freudengeschrei der Mannschaft. Sie haben es in der Ferne leuchten und blitzen sehen: Das ist die Speerspitze des riesigen Standbildes der kriegerischen Göttin Athene, das hoch über Athen auf dem Felsenberg, der Akropolis, steht. Der Lehrer berichtet von dem Philosophen Sokrates. Und ich gehe mit ihm im Geist durch Athens Straßen. Und ich höre das Geschrei der Bürger, als sie auf der Agora, dem Markt, den stolzen Perikles bejubeln. Auf seinem Haupt glänzt der reichgeschmückte Helm.

Jahrzehnte sind vergangen. Ich bin ein alter Mann geworden. Die Gestalten des klassischen Hellas sind zurückgetreten. Ein anderes Bild hat sich vorgeschoben: das Bild des

Apostels Paulus, der – wie wir aus Apostelgeschichte 17 wissen – in Athen eine gewaltige Predigt gehalten hat.

Und in meinem Gottesdienst predige ich nun seit vielen Sonntagen über die Bekehrung des Saulus. Da ist die Sehnsucht wieder groß geworden, Griechenland zu sehen. Ich muß einmal den Spuren des Paulus nachgehen in der Stadt Athen, über die er „ergrimmte, weil sie so sehr abgöttisch war". Ich will einmal über den „Markt gehen", auf dem er „alle Tage redete zu denen, die sich herzufanden" und wo „die Stoiker-Philosophen mit ihm stritten". Ja, und dann führten sie ihn auf den „Gerichtsplatz". Da steht im griechischen Text „Areopag". Was war das für ein Platz?

An einem Sonntagmorgen noch habe ich in Essen vor einer großen Gemeinde gepredigt über das Wort, das der erhöhte Herr von Paulus sagt: „Er soll meinen Namen tragen vor den Heiden." Und am Nachmittag schon landet die Caravelle der „Suisse Air" auf dem Athener Flugplatz.

Am Eingangstor winkt und lacht es mir entgegen: Da steht einer meiner Schwiegersöhne mit seiner jungen Frau und meiner ältesten Tochter. Ich begrüße sie begeistert in klassischem Griechisch: „Charein, o agapätoi!" (Seid mir gegrüßt, ihr Lieben!)

Ihr Volkswagen steht auf dem Flugplatz. Und während sie alle zugleich erzählen von der herrlichen Ferienreise, die sie hierher geführt hat, umfaßt mein Blick das blaue Meer, die palmenumsäumte Straße, die riesige moderne Stadt, auf die wir zufahren. Und dort – ja da, da erhebt sich die Akropolis mit ihren Marmortempeln ...

Am nächsten Tag: Wir stehen auf den Stufen des Theseion. Wie unerschütterlich und wuchtig prangen die Marmorsäulen dieses Tempels, die schon aufgerichtet waren, als in Bethlehem der Sohn Gottes geboren wurde!

Von da schauen wir hinunter auf die Agora, den Markt. Der mag ja wohl interessant sein für Archäologen. Wir sehen nur Mauer-Reste, die man mühselig ausgegraben hat.

Aber dann fällt mein Blick auf den Orientierungsplan, den man uns mitgegeben hat. „Kinder! Da drüben – die Mauertrümmer jenes langen Gebäudes – das war die Philosophen-Schule der Stoiker!"

Nun wird vor meinem Blick das Bild lebendig. Ich sehe, wie diese Philosophen aus der Halle treten: „Was ist das für ein Mann, der dort zu der kleinen Schar spricht?" – Aufmerksam hören sie zu. Einer schaut den andern an: „Das scheint ja eine ganz neue Lehre zu sein." Schon tritt einer neben den Paulus: „Komm mit uns. Hier auf dem lauten Markt kann man sich nicht verständigen. Laß uns auf den Areopag gehen!" Und damit zeigt er auf einen seltsamen Felsenriegel, der sich quer vor den Markt legt... Wir sind den steilen Weg auch hinaufgegangen. Ein seltsames, düsteres Gebilde ist dieser Felsen. Dunkle Höhlen und verwittertes, groteskes Gestein. Da fällt mir ein, daß in uralter Zeit die Griechen munkelten: „Hier wohnen die Erinnyen." Das waren Rachegöttinnen, deren Haare züngelnde Schlangen waren und die nach dem Glauben der Griechen einen Mörder verfolgten bis ins Totenreich.

Während wir, reichlich erhitzt durch die strahlende Sonne, über die Felsen klettern, krame ich aus meiner Erinnerung das „Lied der Erinnyen" hervor, wie es Schiller gedichtet hat:

„So jagen wir ihn ohn' Ermatten
Versöhnen kann uns keine Reu
Ihn fort und fort bis zu den Schatten
Und geben ihn auch dort nicht frei."

Hier also, auf dem Felsen der „Unversöhnlichen", hat Paulus die Botschaft von der Versöhnung gepredigt. In der Tat: Diese Stoiker hatten recht: „Du bringst etwas Neues vor unsere Ohren."

Nun sind wir oben. Ein kleiner, kreisrunder Platz. Wenn man anspruchslos ist, kann man den niedrigen Steinwall für eine runde Bank ansehen. Hier also war der „Gerichtsplatz". Wenn es im alten Athen um Mord ging, dann tagte hier das Blutgericht. Wie viele zitternde Verbrecher mögen hier das unerbittliche Urteil vernommen haben! Und hier verkündete Paulus: „Gott hat einen Tag gesetzt, an welchem er richten will den Kreis des Erdbodens mit Gerechtigkeit…"

Ich sehe im Geist, wie die Philosophen und ein paar Neugierige sich niederlassen. Viele sind's nicht gewesen. Denn es ist nur wenig Raum hier oben. Und ich sehe den Paulus in der Mitte stehen.

Ja, nun mußten auch wir uns setzen. Ich zog mein Neues Testament aus der Tasche. Und wieder erklangen – nach fast 2000 Jahren – des Paulus Worte, – nun in deutscher Sprache.

Was ist das für ein Mut! Das geht mir erst hier auf, als ich mich umschaue: Da unten liegt der Markt, beherrscht von dem wuchtigen Theseion. Und unmittelbar über uns ragt in den blauen Himmel die unbeschreiblich schöne Akropolis. Akropolis heißt die sehr viel höhere Fortsetzung und der Abschluß des Areopag-Felsenriegels. Die Griechen haben diesen gewaltigen Felsenberg abgeplattet und mehrere wunderbar schöne Marmortempel darauf gebaut: den Nike-Tempel, das Erechtheion und den überwältigenden Athene-Tempel, das Parthenon. Jahrtausende haben diese Bauten überdauert. In ihnen begegnet uns das Heidentum in einer unbeschreiblichen Schönheit.

Zu unseren Füßen liegt die Stadt, von der Kultur und Bildung in die abendländische Welt strömten wie fruchtbare Flüsse. Ich ertappe mich selbst dabei, wie all das mein Denken und Gefühl gefangennimmt.

Und da höre ich, wie Paulus mit einem Wort dem allen den Glanz nimmt: „Umkehren müßt ihr: Gott gebietet

Buße! Heil bietet er in seinem Sohn!"

So kann hier, an dieser Stelle, nur sprechen, wer ein hoffnungsloser Barbar ist – oder: wer ein ganz helles Licht der Wahrheit sieht.

Und nun ist mir klar: Schönheit ist hier ausgegossen. Aber Wahrheit? – Und nur „die Wahrheit" kann uns frei machen...

Wir klettern über steile Stufen auf der anderen Seite des Areopag-Felsens hinab. Da ist eine Bronzeplatte in den Felsen eingelassen, auf der in neutestamentlichem Griechisch die Rede des Paulus steht. Während ich sie hier noch einmal in Griechisch lese, fährt ein Omnibus vor und entlädt eine schnatternde und fotografierende Schar Amerikaner.

Ob sie wohl ahnen, welch eine Botschaft von hier in die Welt ging?

Eine Evangeliumsfahrt durch Norwegen

Gibt's denn so etwas?!

Die Hafenarbeiter und Matrosen lassen für ein paar Minuten die Arbeit ruhen und schauen erstaunt dem weißen Fährschiff nach, das sich langsam aus dem Hafen von Bergen schiebt. Nun, dieses Schiff sehen sie jeden Tag. Aber daß da 13 junge Männer ein deutsches Lied singen und daß da drüben am Pier viele Norweger stehen und winken, winken – das ist unerhört!

Seitdem die Deutschen in Norwegen eingefallen sind, ist ein tiefer Graben aufgebrochen zwischen den Herzen. Es fahren viele deutsche Touristen nach Norwegen und – merken das nicht. Und die stillen Norweger wundern sich, daß die deutschen Touristen das nicht merken.

Aber – als dort das weiße Schiff aus dem Hafen von

Bergen fährt und so viele Norweger am Ufer den deutschen jungen Männern nachwinken, spürt jeder dieser erstaunten Matrosen, die von den anderen Schiffen her zuschauen: Hier ist der Graben nicht totgeschwiegen worden! Hier ist er zugeschüttet worden.

Ja, er ist zugeschüttet worden durch den Namen, der die tiefsten Gräben beseitigen kann – durch den Namen Jesus.

Die 13 jungen Männer, die dort vom weißen Schiff her begeistert das wundervolle Stadtbild von Bergen überschauen, sind Posaunenbläser aus dem Essener Weigle-Haus. Und nun muß ich kurz erzählen, wie denn der Posaunenchor aus dem Weigle-Haus in Essen nach Norwegen kam.

Im Dezember des vorigen Jahres hatte ich drei Tage vor den Mitarbeitern und Mitarbeiterinnen des norwegischen kirchlichen Jugendwerkes gesprochen. Und da war es geschehen – was nur Gott geben kann –, daß die tiefen Gräben auf einmal nicht mehr da waren und die Herzen aufgingen. So kam es, daß im Frühjahr eine Einladung an mich erging: „Machen Sie einen Feldzug des Evangeliums quer durch unser Land. Und bringen Sie Ihren Posauenchor mit. Wir kennen solche Chöre nicht in unserem Land. Das Blasen der Evangeliumslieder wird tiefen Eindruck machen."

Der Mann, der alles arrangierte, der uns im schwedischen Göteborg abholte und uns dorthin zurückbrachte, der väterliche Freund der jungen Männer, Dolmetscher, Fahrtenleiter, Organisator und sonst noch viel war, heißt Nils Seim und bekam das Deutsche Verdienstkreuz, weil er unendlich viel Gutes an deutschen Flüchtlingsjungen tut. In seinem wundervollen „Strandheim" in Naersnes bei Oslo sind Hunderte von Flüchtlingsjungen innerlich und äußerlich wieder zurechtgebracht worden.

Südlich von Oslo, in Sarpsborg, war unsere erste Versammlung. Wir erwarteten kleine Scharen; denn in ganz

Norwegen wohnen weniger Menschen als im Ruhrgebiet. Darum waren wir überwältigt, als gleich in dieser ersten Stadt eine große Kirche sich füllte. Am nächsten Tag schon ging es weiter. In 16 Tagen reisten wir 1600 Kilometer, waren in 16 Städten und 24 Versammlungen: in Volkshochschulen, überfüllen Sälen, großen Kirchen, bei den Primanern höherer Schulen, in der Theologischen Fakultät in Oslo. Jeden Tag hielten wir zusammen unsere Bibelarbeit – im Zug oder im Omnibus oder in irgendeinem Hotel. Einmal setzte sich der Zugschaffner zu uns und sagte: „Wer Sie sind, habe ich schon aus der Zeitung ersehen. Ich bin auch Christ. Und wenn ich auch nicht Ihre Sprache verstehe, so lassen Sie mich doch teilhaben an Ihrer Gemeinschaft um die Bibel."

Von Oslo ging es quer durchs Land. Über eine wilde Paßhöhe, wo tiefer Schnee lag, fuhren wir zur Westküste hinunter, die im wundervollen Schmuck des Herbstlaubes prangte. Ich habe nie so leuchtende Birken gesehen wie am Hardanger Fjord, der im Sonnenglanz vor uns lag. Dann ging es durch die Städte der zerklüfteten Westküste, wo die Berge, auf denen ewiger Schnee liegt, steil in die Fjorde abfallen.

Wieviel köstliche Erinnerungen wecken die Namen dieser Städte: Voss, Nordheimsund, Bergen, Haugesund, Stavanger – und viele andre.

Am Bahnhof oder am Hafen stand immer schon das Empfangskomitee. Gepäck und Menschen wurden in Autos verladen. Und dann kam meist ein Festessen an prachtvoll geschmückter Tafel mit Kerzen und Blumen. Dabei verschlug es uns immer wieder den Atem, wenn wir auf die schrecklichen Erinnerungen aus der deutschen Besatzungszeit stießen. Bei einem dieser Festmähler waren der Polizeichef des Ortes, der Bürgermeister, der Schulrat und andere „Prominente" anwesend. Und dabei stellte es sich heraus: Fast alle waren in deutschen Gefängnissen oder Konzentrationslagern gewesen. Auf diesem Hintergrund erst wurde uns der Wert dieser überschwenglichen Gastfreundschaft deutlich. Wie die liebsten Freunde wurden die jungen Männer in Privathäusern aufgenommen, reich beschenkt und herrlich verwöhnt. Und am nächsten Morgen standen all die rührenden Gastgeber am Bahnhof und winkten uns lange nach.

Zwei Erinnerungen seien festgehalten:

Bergen! Sonntagmorgen! In der riesigen Johanniskirche hat sich eine große Festversammlung eingefunden. Feierlich ziehen die Pfadfinder mit ihren Fahnen ein. Dann spielt unser Posaunenchor, die Orgel fällt ein – ein herrliches Loblied erschallt. Ich muß mitsingen in meiner Sprache. Mit dem Pfarrer, der ein Gesicht hat wie einer der alten Wikinger, habe ich in der Sakristei gebetet. Nun steht er am Altar in den für uns befremdlichen Gewändern und hält die Liturgie. Aber ich muß doch staunen, als er zwischendurch singen läßt: „So nimm denn meine Hände ..." Ich merke, wie hier die hochlutherische Kirche einen engen Bund eingegangen ist mit der Erweckung, die Gott dem Lande durch Hans Nielsen Hauge geschenkt hat. Dann predige ich. Obwohl jeder Satz gedolmetscht werden muß, merke ich mit Freuden die Bereitschaft dieser lebendigen Gemeinde zum Hören.

Und dann kommt das Überwältigende: Der Pfarrer tritt vor den Altar und begrüßt uns mit deutschen Worten. Es ist ein vollmächtiges, wahrhaft geistliches Wort. Und auf einmal übermannt ihn die Stunde: Wir wissen alle, daß er zwei Jahre in einem deutschen Konzentrationslager gelitten hat. Doch nun ist hier etwas Neues: Jesus-Jünger begrüßen sich. So tut er spontan ein paar Schritte über die Altarstufen auf mich zu – ich gehe ihm entgegen. Und vor der riesigen Gemeinde drücken wir uns die Hand. Mir laufen die Tränen über das Gesicht. Und ihm auch. Einer meint nachher trocken: „Manchmal dürfen wir Christen das Porzellan ein wenig zusammenkitten, welches die Politiker zerschlagen haben." So bekommt unser Besuch fast eine politische Bedeutung.

Noch ein anderes Bild.

Kristiansand! Eine wundervolle Stadt am Meer! Als wir zu unserer Versammlung gehen, begegnet uns ein uniformierter Musikzug mit dicker Pauke. Und vorneher gehen junge Männer mit großen Transparenten: „Kommt zu der Versammlung von Wilhelm Busch in das Missionshaus!"

Ein großer überfüllter Saal! Wir haben für unsere Abendversammlungen ein festes Programm: Begrüßungen, viel Singen, meine Evangelisationsrede, dann Zeugnisse von zwei oder drei der Posaunenbläser.

Zwei Stunden sind vergangen. Viele stehen. Es ist die Atmosphäre der Erweckungsversammlungen, wie wir sie aus den Berichten des vorigen Jahrhunderts kennen. Das Wort von Jesus bekommt eine hinreißende Gewalt. Aber nun ist es doch schon fast zehn Uhr. Höchste Zeit, Schluß zu machen. Da kommen, während die Gemeinde das „geistliche Nationallied" singt („Jesu Name nie verklinget..."), die Herren des Vorstandes auf mich zu und erklären: „Niemand will nach Hause gehen. Erzählen Sie uns noch etwas über Ihre Arbeit!" Das tue ich gern –

Am 31. Oktober sind wir – nach einer wundervollen Fahrt durch die endlosen schwedischen Wälder – in Göteborg. Am Bahnhof eilt ein Mann auf mich zu und schließt mich lange in die Arme. Etwas verlegen stehen meine jungen Männer dabei. Und doch packt sie etwas. Wir wissen, wer dieser Mann ist: Ragnar Myren, der Präsident des königlichen Segelklubs, Großkaufmann und Bruder aller, die den Herrn Jesus liebhaben. Ich ahne, daß er den größten teil dieser Evangelisationreise finanziert hat. Aber darüber will er nicht sprechen. Auch nicht darüber, wieviel er für die deutschen Flüchtlinge tut. Er

80

packt uns in Autos und zeigt uns das wundervolle Göteborg. Ich fragte später einen der jungen Männer: „Wart Ihr etwas verlegen, als dieser Mann mich so überschwenglich auf dem Bahnsteig umarmte?" Da erhielt ich die Antwort: „Wir haben auf dieser Reise etwas ganz Großes erlebt: die Wirklichkeit der Gemeinde Jesu Christi."

Im Krankenhaus

„Mensch! Du hast es gut!" hat mir vor einem Jahr ein Freund gesagt. Ich konnte ihm nur von Herzen zustimmen. Mein himmlischer Vater hat mich in einen weiten Raum geführt. Viele Menschen, Gegenden und viele Länder lernte ich kennen. Jeder Tag war erfüllt mit reichem Leben.

Auf einmal hieß es: „Stop!" Und nun liege ich in einem Krankenzimmer, sehe seit Wochen die vier gelben Wände, die weiße Decke und ein Kruzifix. Ja, und die Blumen!

Ja, Blumen, welche durch die Liebe meiner Freunde immer erneuert werden. Während ich dies schreibe, sind es dunkelrote Rosen aus dem Siegerland. Als der Strauß kam, sah ich sie im Geist vor mir: die Brüder aus der Hammerhütte, aus Weidenau, Buschhütten, Netphen, Deutz, Neunkirchen und wie die mir so lieben Orte alle heißen. „O wie lieb ich, Herr, die Deinen,/die Dich suchen, die Dich meinen./O wie köstlich sind sie mir./Du weißt, wie mich's oft erquicket,/wenn ich Seelen hab erblicket,/die sich ganz ergeben Dir", singt Tersteegen. Mein Herz stimmt ihm zu.

Sonst hängt an meiner Tür ein Schild: „Besuch verboten!"

„Besuch verboten!" So ist das also mit einem Herzinfarkt. Und nun ist das ganze, reiche, vielseitige Leben zusammengeschrumpft auf 4 Wände und etwa 8 Menschen, die ich zu sehen bekomme. Es sind eigentlich immer dieselben: Der Professor, die Stationsschwester, 2 junge Schwestern, eine Schwestern-Schülerin, der Pfleger und die – ja, wie sagt man denn heute? – die Raumkosmetikerin. Sie lachte aber, als ich sie so nannte, und meinte, sie sei gern und von Herzen „Putzfrau". Und dazu kommt meine Frau, die als treue „Gehilfin, die um ihn ist", ihren Mann nicht im Stich ließ.

So ist auf einmal das Leben eng und klein geworden: 8 Menschen, 4 Wände und einige Blumen. Aber dabei mache ich nun die Entdeckung: Mein Leben ist keineswegs langweilig geworden. Im Gegenteil! Gerade ein kleiner Lebensausschnitt kann besonders interessant sein. Und mein alter Landsmann Goethe (ich bin in Frankfurt a.M. aufgewachsen) hat schon recht: „Greif nur hinein ins volle Menschenleben! Wo du es anpackst, ist es interessant."

Laßt mich ein wenig von den 8 Menschen erzählen, die in meinen Gesichtskreis kommen.

Ich habe – seit ich denken kann – nie Zeit gehabt, die Arbeit von Krankenschwestern zu beobachten. Und da muß ich offen bekennen: Ich verstehe nicht, daß nicht viel mehr Mädel in die Krankenpflege gehen.

Gewiß! Gewiß! Es ist ein Beruf, der viel verlangt: Persönlichen Einsatz und Geschicklichkeit und Freude am Dienst und körperliche Rüstigkeit und... und...

Und doch! Wo gibt es einen Beruf, in dem man so umwallt und eingehüllt wird in die Dankbarkeit der Menschen, an denen man arbeitet...

So weit hatte ich geschrieben. Und von dem Geschriebenen habe ich auch den mich pflegenden Schwestern erzählt. Man ist ja den ganzen Tag allein. Und wenn dann eine Krankenschwester auftaucht, um irgendeine der üblichen Handreichungen zu tun, dann erzählt man eben alles, was man denkt und weiß.

Aber als ich nun davon berichte, wie ich die Schwestern gleichsam umwölkt und eingehüllt sähe in die Dankbarkeit der Patienten, da gab es einen großen und energischen Protest.

„Ich bitte Sie", rief ich in die zusammengeströmte Schwesternschaft, „bedenken Sie, wie hilflos die Kranken sind. Und wie ihnen da jede Handreichung der Schwestern eine Hilfe ist. Ich fürchte, Sie merken gar nicht mehr, wie die Dankbarkeit der Patienten Sie einhüllt."

Und nun geschah etwas Erschreckendes: Die Krankenschwestern lachten mich aus. Sie erklärten mir: „Sie haben ja keine Ahnung von wirklichen Menschen." Eine erzählte, wie eine Patientin sie schikaniere und anquengele. Die andern berichteten von unzufriedenen Kranken. Und die Besten nähmen alles als selbstverständlich hin.

Kurz, mein schöner Artikel bekam – wie soll ich es ausdrücken?! – an dieser Stelle einen bösen Knick. Die ganze Linie wurde abgebrochen.

Und es bleibt mir nichts übrig, als festzustellen: Die Schwestern haben einen großartigen Auftrag: „Dienst am Menschen!" Und wenn sie nicht immer die verdiente Dankbarkeit finden – von mir werden ganze Lastkraftwagen von Dankbarkeit abgeladen. Und die sind nicht ein besonderes Verdienst, sondern diese Dankbarkeit fließt einfach daraus, daß sich jemand meiner Hilflosigkeit annimmt. Und ich bleibe dabei und glaube doch: es gibt viele dankbare Kranke.

Aber ich sehe nicht nur die Schwestern, sondern auch die Ärzte. Und da ist es namentlich der „Professor", der „Chef", der mich interessiert.

Vielleicht interessiere ich ihn auch. Denn er setzt sich bei jedem Besuch an meinen Bettrand und unterhält sich mit mir. Und manchmal bringt er mir Bücher zum Lesen mit.

Nein. Viel spricht der Mann nicht. Jedesmal, wenn ich mit ihm zusammen bin, fällt mir das Wort eines jungen Freundes ein. Das sagte er mir, als wir zusammen in 2000 Meter Höhe über den Rigaer Meerbusen flogen. Und jetzt ist er längst begraben. Er fiel am letzten Kriegstag in einem bayrischen Dorf. Der sagte mir mal: „Das Ideal eines Menschen ist für mich einer, der alles im Laden und wenig im Schaufenster hat." Und dann setzte er bitter hinzu: „Die meisten haben alles im Schaufenster und nichts mehr im Laden." An dies Wort erinnert mich mein Professor. Er hat offenbar das meiste im Laden.

Ja, jetzt müßte ich noch von meiner Frau erzählen, wie sie einen wohlorganisierten Hausputz im Stich ließ und zu ihrem Herzinfarkt-Mann fuhr. Aber wenn man davon allzuviel erzählt, ergeht es einem wie jenem schwäbischen „Stundenmann". Als der in der Gemeinschaftsstunde so sehr „persönlich" wurde, rief ihm einer der Brüder zu: „Halt's Fläschle zu, sonst verriecht's!"

So bin ich eigentlich mit meinem Bericht am Ende. Und doch bin ich's nicht. Unser Herr hat den Seinen versprochen: „Ich bin bei euch alle Tage ..." Das Versprechen hält Er. Und wenn ich mich vertiefe in „Die Fußstapfen des Glaubens Abrahams" (1770) oder in Hillers „Geistliches Liederkästlein zum Lobe Gottes" (1763) oder gar in mein Neues Testament - ich habe ja hier so unendlich viel Zeit; so viel Zeit, wie einst im Gefängnis - dann erlebe ich, daß der Eine noch da ist - der Eine, auf den alles ankommt - der Eine, der der Weg und die Wahrheit und das Leben und der Frieden und die Hoffnung und alles ist - Jesus, der auferstandene Herr.

Und was ist das nun für ein Krankenzimmer, in dem der Schöpfer der Dinge, der sich selbst zum Heil dahingegeben hat, Wohnung nimmt!

Inhalt

Weitere Bücher von Pastor Wilhelm Busch:

Bestell-Nr. 113 161
Plaudereien in meinem Studierzimmer
288 Seiten
P. Wilhelm Busch im Dialog mit Menschen, denen er begegnet ist und die sein Leben stark beeindruckt haben: mit Vorbildern im Glauben.

Bestell-Nr. 808 897
365 mal ER
Tägliche Andachten
376 Seiten
Andachten für jeden Tag des Kalenderjahres, verständlich für jung und alt.
Für die eigene Andacht, zum Vorlesen in Gruppen, als Geschenk zur Trauung, Silberhochzeit, zu Geburtstagen und vielen anderen Anlässen.

Bestell-Nr. 808 739
Der Herr ist mein Licht und mein Heil
Tägliche Andachten
376 Seiten
Eine Einladung, jeden Tag ein paar Minuten still zu werden und über das Heil und die Gnade Gottes nachzudenken.

Bestell-Nr. 113 162
In der Seelsorge Gottes
Angefochtene Gottesknechte
112 Seiten
Männer der Bibel in Situationen der Anfechtung. Sie verlassen sich auf Gott, und er hilft ihnen. Diese Beispiele werden nacherzählt und auf die heutige Situation übertragen.

Bestell-Nr. 112 095

Gegenstände der Passion
Anschauungs-Unterricht über das Leiden Jesu
112 Seiten

Bestell-Nr. 112 395

Spuren zum Kreuz
Christus im Alten Testament
128 Seiten

Bestell-Nr. 113 242

Die Suchaktion Gottes
Kurzgeschichten der Bibel
132 Seiten

Bestell-Nr. 113 260

Freiheit aus dem Evangelium
Meine Erlebnisse mit der Geheimen Staatspolizei
64 Seiten

Bestell-Nr. 112 538

Jesus unser Schicksal
Geschenkausgabe (gebunden)
238 Seiten

Bestell-Nr. 808 806

Jesus unser Schicksal
Kartonierte Ausgabe
237 Seiten

Bestell-Nr. 113 401

Es geht am Kreuz um unsre Not
Predigten aus dem Jahre 1944
108 Seiten

**Aussaat Verlag,
Neukirchen-Vluyn**

Bücher von Elisabeth Währisch
im Aussaat Verlag

Bestell-Nr. 113 261
Der Staub kann bleiben
Entdeckungen im Alltag
Von ihren Erfahrungen als Lehrerin, Ehe- und Pfarrersfrau
und Mutter schildert die Autorin – Tochter von P. Wilhelm
Busch – anhand vieler kleiner Ereignisse, wie sie geleitet
wurde, das Wichtigere zu erkennen und auch zu tun.

Bestell-Nr. 113 330
Einfach nur so
Kurzgeschichten
Anhand von Beobachtungen scheinbarer Nebensächlichkei-
ten in ihrem Umfeld gibt Elisabeth Währisch dem Leser Gelegenheit, seinen Alltag und Gottes Wirken darin mit offenen Augen wahrzunehmen.

Bestell-Nr. 113 438
Auch von Schildkröten kann man lernen
Entdeckungen im Alltag
Leser früherer Publikationen wissen die knappe und doch
einfühlsame Art zu schätzen, mit der die Autorin die – bei
näherem Hinsehen – vielleicht doch nicht ganz so alltägli-
chen Dinge auf den Punkt zu bringen versteht. Auch in diesem Bändchen geht es um kleine und große Leute – in einer
bunten Mischung fröhlicher, besinnlicher und nachdenk-
licher Geschichten.